U0724255

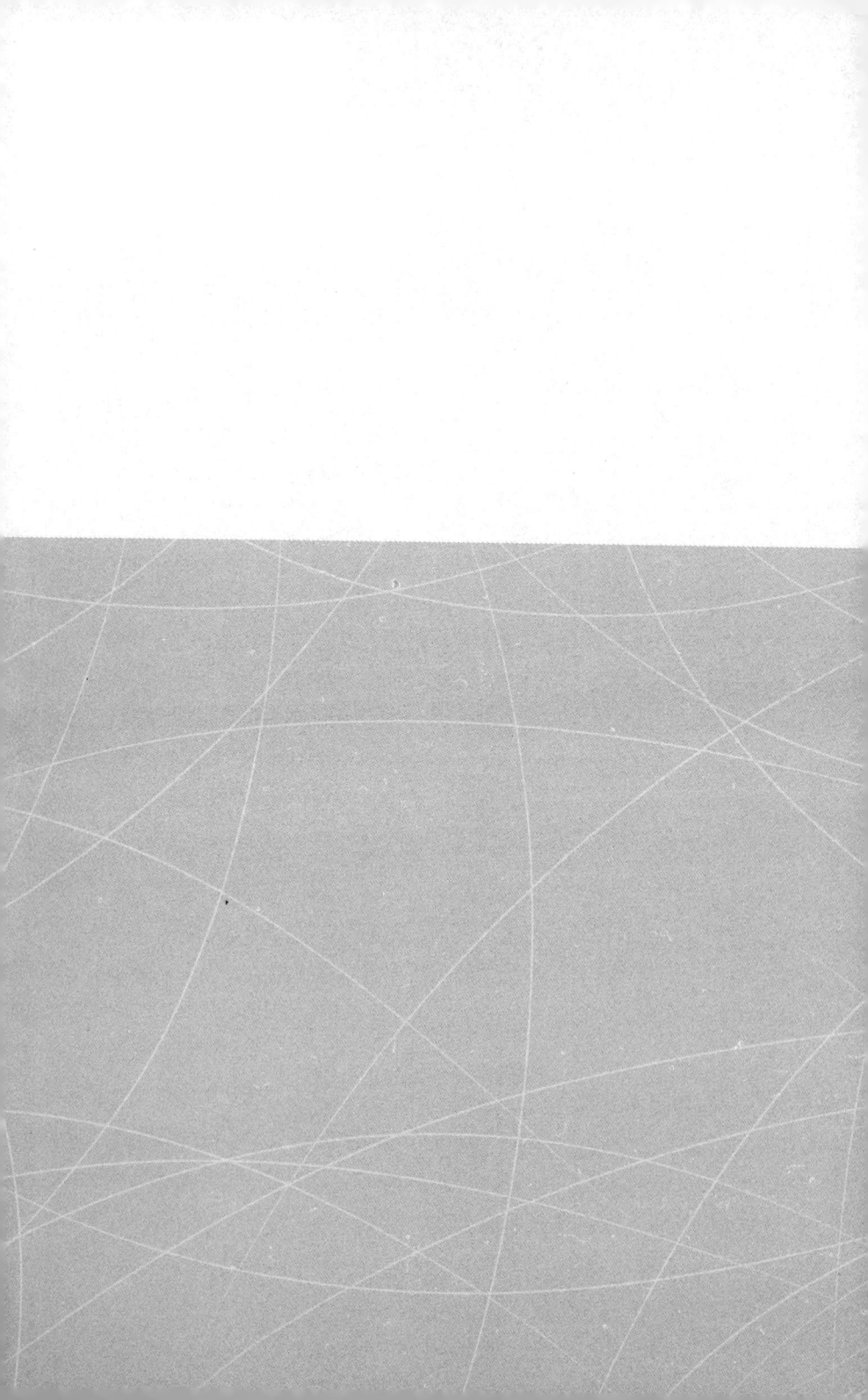

互联网金融
风险及监管措施

衷凤英 ◎ 著

黑龙江人民出版社

图书在版编目（CIP）数据

互联网金融风险及监管措施／袁凤英著. — 哈尔滨：
黑龙江人民出版社，2020.5
ISBN 978－7－207－12061－8

Ⅰ. ①互… Ⅱ. ①袁… Ⅲ. ①互联网络—应用—金融
—风险管理—研究—中国 Ⅳ. ①F832.2

中国版本图书馆 CIP 数据核字（2020）第 073833 号

责任编辑：姜海霞
封面设计：欣鲲鹏

互联网金融风险及监管措施
袁凤英　著

出版发行　黑龙江人民出版社
地　　址　哈尔滨市南岗区宜庆小区 1 号楼（150008）
网　　址　www.hljrmcbs.com
印　　刷　永清县晔盛亚胶印有限公司
开　　本　880×1230　1/32
印　　张　4.875
字　　数　110 千字
版　　次　2020 年 5 月第 1 版
印　　次　2021 年 6 月第 2 次印刷
书　　号　ISBN 978－7－207－12061－8
定　　价　25.00 元

版权所有　侵权必究　　　　举报电话：（0451）82308054
法律顾问：北京市大成律师事务所哈尔滨分所律师赵学利、赵景波

前　言

　　互联网作为 20 世纪人类最伟大的发明之一，正在逐步影响并改变人类的经济生活环境并推动社会发展。从 1969 年美国国防部将斯坦福大学、加利福尼亚大学洛杉矶分校、犹他州大学和加利福尼亚大学的四台主要计算机连接在一起开始，互联网已经走过了四十多年的发展历程。在互联网技术变革推动下，互联网与经济中的传统金融领域迅速融合，并以新的特征不断前进和发展，互联网不再是简单地从技术和运营模式上对传统金融提供支持和服务，而是上升到思想和契约的层面，以"共享、开放、平等和协作"的理念与精神不断渗透进传统金融领域，产生了一种打破传统金融中介、消除信息不对称、减少交易成本以及提高支付效率的新兴金融模式。这一新金融模式使得信息互通有无、资源得到共享、经济活动便利、规模效应形成。基于以上特征，传统金融遵循二八定律，互联网金融遵循长尾效应，且具有普惠金融的深刻含义，互联网金融能够在传统金融无暇顾及的领域发挥重要作用，进而可以更好地服务于实体经济，推动人类社会的发展，这也是人类发展的本质及核心所在。然而，以互联网为代表的信息技术对经济发展及传统金融产生的影响是多方面的。任何事物都具有两面性，互联网金融作为新金融模式在迅速发展的过程中，必然会伴随和隐藏着各类风险，对传统金融业、金融市场以及金融监管机构产生巨大的影响并提出严峻的挑战。金融本身具有高风险性,金融风险具有不确定性、相关性、高杠杆性以及传染性强的特征,而互联网带来的涉众性和技术性与金融风险相结合势必会带来新的风险且风险传导更强、范围更广。因此,本书提出了互联网金融风险管理研究这一重要课题。

目 录

目　录 ◯

第一章 绪 论

第一节 研究背景与意义

一、研究背景

近年来,电子商务作为新兴行业异军突起,成为当前中国最具发展前景的商业运作形式。随着大量互联网企业的不断涌现,海量用户数据逐渐被这些企业获得,并掌握了大量互联网用户的金融服务信息,这些企业将传统的金融服务模式转化升级,由最初的简单支付渐渐转变为小额信贷、资产管理、供应链金融、转账汇款以及保险销售等新的商业模式。在互联网金融的演化过程中,一些互联网企业将自身的发展目标确定为通过互联网这个传播平台向客户提供更加直接和方便的金融服务,部分企业通过成立子公司进军互联网金融行业。互联网与金融业也因此有了交集,并互相借鉴成功的运营经验,共同向成为金融服务供给者的路线进军。

互联网金融作为互联网与金融的有机复合产生的衍生品,具备了两个行业的诸多优势,因此发展前景也更加广阔。首先,互联网金融公司通过对传统支付结算方式的推陈出新,使得支付的形式更加灵活便捷,诸如网络支付、电视支付以及移动支付等为客户提供了更多便捷的支付渠道;其次,基于电子商务的不断进化,衍生出 B2B,B2B2C 等支付方式,并不断创新出结算、担保以及融资等多种具有传统金融服务的新型服务模式,诸如蚂蚁小贷、拍拍贷等互联网金融机构,这些互联网金融机构经营的目标就是将资金以商品的形式进行网上快速便捷的交易,资金的需求者可依据自身对资金的使用要求进行借贷,从而拓宽其融资渠道并提升融资效率。

互联网金融的快速发展促进了金融业创新发展,通过为大众提供丰富、便捷的金融产品和服务,极大地缩短了金融交易的时间、降低了金融交易的成本,扩大了金融服务的边界,推动了普惠金融的进程。2015 年 7 月《国务院关于积极推进"互联网 +"行动的指导意见》包含了普惠金融等十多个方向的内容,从国家层面上推动和支持具有普惠金融特征的互联网金融发展,并将其提升至国家战略层面。

随着互联网金融发展的不断深入,互联网金融相关领域的风险日益凸显。首先,互联网金融风险融合了金融行业和互联网行业的风险特性,风险更高。其次,互联网金融机构大多起源于互联网企业或传统金融机构,但是由于互联网企业对金融风险认知不够,管理经验缺乏,传统金融机构对新兴互联网技术所带来的风险管理能力相对缺乏,而互联网金融的标准规范处于不足甚至空白的状态,互联网金融机构内部控制不健全极易发生风险。再次,互联网金融企业面临着"监管滞后"问题,金融监管明显落后于金融创新速度。原有的监管体系与互联网金融发展不相适应,金融监管未涵盖金融创新所产生的新情势。

互联网金融由于其普惠金融的特征,一旦发生风险,影响广泛。如在 P2P 网贷领域,问题平台不断涌现,倒闭和跑路时有发生。2015 年 12 月 16 日，P2P 网贷企业"e 租宝"涉嫌非法集资 500 多亿元，涉众 90 多万。互联网金融风险不断发生显示出互联网金融风险管理的紧要性和急迫性。

二、研究意义

随着互联网金融的规模不断扩大和金融创新和改革的不断深化，互联网金融风险管理的问题日益突出。因此，研究互联网金融风险管理对于互联网金融机构从内部建立有效的风险管理，监管部门通过监管创建良好的外部风险控制环境，并在此基础上促进互联网金融的健康发展，从理论上丰富互联网金融风险的研究有现实的意义。具体表现为以下几点：

（一）能够促进互联网金融机构树立正确的风险意识，建立健全风险管理制度

很多互联网金融机构是从非金融行业涉足金融领域的，对金融风险的认识严重不足，这本身就是高风险的表现。通过研究互联网金融风险管理，有利于帮助互联网金融机构识别风险管理中存在的缺陷和问题，从而促进互联网金融机构完善和健全风险管理制度，建立完整的风险内部控制体系，实现风险的科学管理。

（二）互联网金融机构通过更好地防范和控制风险，促进互联网金融健康发展

良好的风险管理能够帮助互联网金融机构在经营过程中降低不确定性，提高自身的抗风险能力，从而为其能够持续创新和发展奠定基础。本次研究从技术风险、信用风险、操作风险、政策法律及声誉风险、市场风险、流动性风险六个方面构建了互联网金融风险的评估指标体系，互联网金融机构依据此评估体系能够

从一般意义上充分了解互联网金融风险。因互联网金融的模式不同，互联网金融机构从事的金融业务种类存在差异，面临的风险也存在差异。本次研究以 P2P 网贷为例，构建了细分互联网领域的风险度量指标体系。通过评估和度量指标体系的构建，能够为互联网金融机构的风险评估提供依据，使互联网金融机构在发展过程中少走弯路，促进其健康发展。

（三）"互联网＋"的背景下，通过对互联网金融市场加以规范，从而促进普惠金融的发展

本次研究按照风险识别、风险评估、风险度量、风险控制、风险监管的过程展开论述，系统地研究了互联网金融风险管理。对互联网金融机构的风险管理起到促进作用，为监管部门对互联网金融实施有效外部监管、消费者提高对互联网金融风险的认识提供有价值的参考。同时对于规范互联网金融市场、促进普惠金融发展也具有重要的现实意义。

第二节　研究方法

本次研究注重研究方法的综合使用，主要研究方法有：

（一）文献研究

对互联网金融理论与实证相关文献进行收集整理，是互联网金融风险管理的基础。基于已有的相关研究文献，可知当前互联网金融发展的理论高度和实践程度，理清当前研究前沿边界和发展方向，具体涉及如下几方面：互联网金融的内涵、模式及特点，互联网金融风险的类型，风险形成的原因与机理，风险度量评估，以及风险监管等。

(二)多学科研究相结合的方法

结合多个学科进行理论研究,从多角度、多领域对事物进行论证和阐述,可以开拓思维、优势互补。本次研究将金融学、管理学、信息技术、大数据、安全技术等学科内容,综合运用到互联网金融风险管理的研究中。

(三)规范分析和实证分析相结合

本研究采用规范分析与实证分析相结合、定性分析与定量分析相结合的研究方法,全面系统地对互联网金融风险的管理进行研究。在实证分析方面,本次研究采用了模糊层次分析、主成分分析和 Logistic 模型分析的方法,力图更加准确地刻画互联网金融存在的风险,更加科学与合理地对互联网金融风险进行管理。

1.模糊层次分析

模糊层次分析又称模糊层次综合评价,是在传统的层次分析法(Analytic Hierarchy Process , AHP)基础之上引入模糊综合评价(Fuzzy Comprehensive Evaluation , FCE)发展而来,是定性定量相结合的评价模型,涉及体系评价、系统优化和效能评价等多个方面。这一定性与定量相结合的系统分析方法最早是由美国运筹学家 Saaty 在 20 世纪 70 年代提出的,是模糊法和层次分析相结合诞生的产物,克服了 AHP 所存在的一致性难以保证的问题,提高了决策行为的可靠性。其基本思想是:根据多目标评价任务的总体目标和性质,把问题本身按层次分解成一个"自下而上"的梯阶层次结构。识别及评估风险是风险管理的前提。本研究将借助模糊层次综合评价法,量化评估互联网金融的风险水平,为后续互联网金融风险度量和完成互联网金融的全面风险管理任务做好准备。

2. 主成分分析

主成分分析(Principal Component Analysis, PCA)主要目的在于降低数据的维度,在尽可能保留原始数据信息的基础前提下,将较高维数的变量转换为几个相互之间不存在相关的新变量。一言以蔽之,即主成分分析方法实质是将复杂的多个变量体系转化为保持原有信息的少数几个互相不相关的综合变量的统计分析方法。数学上的处理通常是将原始的变量体系进行线性组合,即线性变换,形成新的综合变量体系。

该方法最早由皮尔森提出,随后被霍特林加以推广至更宽范围。其实际运用范围广泛,涉及人口统计学、分子动力学模拟、数理分析学科领域。

本研究在度量 P2P 网贷平台风险时构建了多层次风险指标体系,该体系由定性指标和定量指标共同构成。其中,定量指标多达 10 个,若直接进行估计会面临解释变量共线性等问题,因此在 Logistic 模型分析之前进行降维处理十分必要。主成分分析方法将用于分析这 10 个定量指标,以达到消除多重共线性的目标,从而提高后续研究结果的可靠性。

3. Logistic 模型分析

Logistic 分析是一种广义线性回归模型,其回归的因变量可以为二分类或者多分类,其中二分类情形最为常见。该模型分析应用范围广泛,涉及医学疾病诊断、数据挖掘、经济预测以及风险度量等领域。Logistic 回归的因变量与概率有关,而自变量则由多种多样的因素构成,连续变量和分类变量均可。通过该模型,可以判断出影响因素的相对重要性,且可依据各种影响因素的输入对出现某一结果的概率进行预测。

Logistic 模型通常采用极大似然法来估计参数和假设检验,不采用最小二乘的原因在于残差与因变量服从二项分布而非正态分布。总体而言,Logistic 回归需满足四个条件:①因变量为分类变量的发生率;②残差和被解释变量为二项分布;③观测样本对象之间相互独立;④解释变量与二分类概率之间呈线性关系。

本研究将该方法用于测度互联网金融中 P2P 网贷平台风险概率,综合评价当前中国的 P2P 网贷平台的风险情况,寻找出重要的影响因素,为互联网金融风险管理的政策建议提供有益参考。

第三节 创新点与研究不足

一、创新点

本研究的可能创新之处主要有以下几个方面:

第一,在详细梳理和评述互联网金融研究文献的基础上,参考传统金融风险管理理论与实践,分析了互联网金融的常规及特殊风险形式,探究了互联网金融风险的内在和外在生成机理,研究了互联网金融风险的识别、评估和度量、内部控制与外部监管问题。这将对互联网金融风险管理及相关理论发展形成有益补充和参考。

第二,将传统企业风险内部控制机制引入互联网金融风险管理中,建立起基于全面风险管理的互联网金融风险控制模型,提出"利用大数据来对互联网金融企业内部风险进行控制"的新型风险管理思想,并从不同的角度对如何利用大数据来对互联网金融企业内部风险进行控制做了论证与分析。

第三,运用演化博弈方法,构建了互联网金融监管的演化博弈模型。在演化博弈模型的基础上,讨论了监管部门及互联网金融机构的演化策略、监管部门与互联网金融机构的演化博弈均衡以及监管部门的监管策略选择问题。对我国通过监管促进互联网金融健康发展有一定的参考价值。

第四,设计了一个对 P2P 网贷平台风险进行度量的指标体系,该指标体系涵盖了 P2P 网贷平台所面临风险的主要影响因素,能够反映 P2P 网贷平台的风险状况。运用 Logistic 模型,对我国 P2P 网贷平台风险进行了测度,从而丰富了互联网金融机构风险度量的方法。

二、研究不足

虽然本文系统全面地对互联网金融风险管理进行了研究,但由于研究水平所限,存在一定的局限性及不足,主要体现在以下两个方面:

第一,研究深度有待进一步细化和深入。本文主要探讨了互联网金融的风险管理问题,虽对互联网金融整体的风险识别进行了分析,并以 P2P 网贷平台为例进行了风险度量,但由于互联网金融存在六种模式并不断创新,未能对每一模式完全展开,针对每一模式的风险管理研究程度不够深入。因此,在本研究的基础上,未来可专门针对每一个具体的互联网金融模式的风险管理进行细化。

第二,实证过程存在进一步提升的空间。本次研究设计的 P2P 网贷平台风险度量模型具有良好的预测精度,然而这一模型的指标变量体系受数据可获得性限制,并未完全涵盖 P2P 网贷平台的全部风险因素。随着时间的推移,伴随着互联网金融的迅猛发展,系统公开的互联网金融数据库将被建立和完善,将会获得所需的足够公开的互联网金融数据,从而进一步提升实证模型的精度。

上述不足之处为互联网金融风险管理研究的未来提供了指引,本人将在本研究的基础上针对存在的不足之处进一步开展深入研究,为互联网金融健康发展提供理论支持。

第二章　理论基础及文献综述

第一节　互联网金融相关理论

一、金融创新理论

　　金融创新理论源于著名经济学家熊彼特的创新经济周期理论在金融领域中的运用,其出现于 20 世纪 70 年代。创新理论的研究主要分为金融创新动因及其经济效应两大类,下文将对此进行详述。本文所研究的互联网金融正属于金融创新范畴内,金融创新推动金融发展的同时亦会增加金融体系的脆弱性,导致一些金融风险和新型风险被忽视。

　　首先是金融创新动因的研究。根据创新动因,金融创新理论可分为需求主导型、供给主导型和规避管制型三种,每种类型又可根据具体动因进一步细分。财富效应理论与需求推动论是典型的需求主导型金融创新理论,其中,需求推动型理论将人们对金融服务的新需要新要求视为导致金融创新的主要原因,具体包括低风险高收益相结合的金融产品需求或是高流动与高收益兼具的要求等;财富效应理论则是将金融创新的主要原因归于财富的增长,人们的金融服务需求偏好会随着财富的增加而改变,金融产品的需求会上升。供给型则包括交易成本论和技术论两种。

交易成本理论认为金融创新活动受交易成本影响,较高的成本会抑制创新,较低的交易成本反之则会推动金融创新发展。技术论则认为技术进步是金融创新的主要推动力,不断进步的信息技术被引入金融业,成为金融创新的主要原因。规避管制型同样包括多种类型,如规避管制论和诱导约束论。金融机构为追逐利益而规避政府监管导致的创新行为是规避管制论的主要思想;诱导约束则不同,其认为金融创新是自卫行为,是金融机构在追逐最大利润过程中为应对外部金融压制而产生的。

其次是经济效益的研究。根据已有文献,经济效应可按宏微观划分,其中微观经济效应是指金融创新活动对微观经济变量的作用,而宏观经济效应则是指金融创新对主要宏观经济变量的作用。微观效应文献有:道(1998)研究了金融创新在风险套利方面的问题。宏观效应文献有:艾兰德(1995)在货币需求模型中引入了金融创新因素,认为金融创新对货币需求存在稳定影响;阿罗(1995)进一步研究认为金融创新对货币需求及其波动具有重要影响,发挥着重要决定作用。另外,通货膨胀变化会影响二者作用关系。

二、普惠金融理论

普惠金融体系来自英文 inclusive financial system,最早源于2005 年联合国所推行的"2005 国际小额信贷年"。普惠金融仍归属于金融范畴,发挥资源配置功能,其特殊之处体现于"普惠"二字,即覆盖低收入及贫困人群,力图实现全方位覆盖社会所有阶层群体的有效金融体系。普惠金融是小额信贷和微型金融进一步的延伸和发展。其对现有传统金融体系形成补充,发挥了小额信贷和微型金融的扶贫功能,与传统金融共同形成完整全面的金融体系,保证扶贫特质的金融在金融体系的地位。

将普惠性质的金融融合进传统金融的微观、中观和宏观三个层面(见图2-1),形成更全面一体的金融体系,才能保证正规金融不会"嫌贫爱富",确保广大低收入和贫困人群能够享受到适当的金融服务。

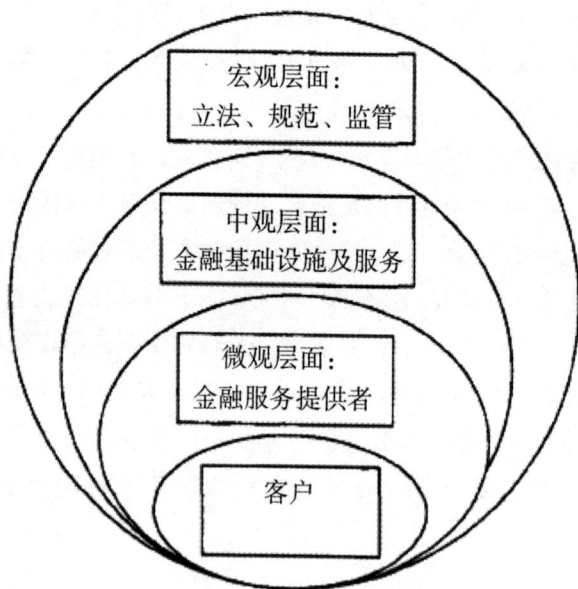

宏观层面:
立法、规范、监管

中观层面:
金融基础设施及服务

微观层面:
金融服务提供者

客户

图2-1 普惠金融体系框架

客户层面:普惠金融体系框架最核心部分,目标客户主要为低收入和贫困人群。这部分人群按传统金融要求难以获得金融服务,大多具有收入低、无自有住房等特征。为了能最有效地解决这类人群发展生产和改善生活的金融需要,需要全方位多层次分析其中存在的原因,进而将低收入贫困人群纳入金融体系中,为其提供适当的金融服务产品。

微观层面:主要是指与低收入人群直接发生金融服务交易的零售金融服务供应商,其是整个普惠金融体系的根基,奠定普惠金融基础。微观层面金融服务供应商主要包括正规金融机构和非正规金融信贷供应者。低收入群体由于缺乏可供抵押的资产而难以获得贷款,且面临较高信贷成本,但其仍然可承受一定程度的金融服务成本。设计合适的金融服务产品,拓宽现有的低收入群体融资渠道,才能真正实现金融服务的普惠特性。

中观层面:着眼于建设金融的基础设施。通过不断完善金融基础设施,实现对低收入群体的金融服务产品的最佳供给。具体而言,金融基础设施包括信息基础设施、支付和结算系统及流行普适的金融标准等。从更广泛的角度看,中观层面还包括法律系统和制度等。

宏观层面:强调政府在普惠金融构建中的地位作用。在市场机制作用下,传统金融"嫌贫爱富"的本质决定了普惠金融不可实现,因此需要政府从多方面介入。政府部门可借助一系列的政策措施来为普惠金融提供宽松的环境,通过税收政策、补贴和利率优惠等,保证金融供应方利润的同时,实现普惠金融目标,从而兼具公益和市场。

三、长尾理论

克里斯·安德森(2006)最早提出了长尾理论。该理论与传统的"二八定律"观点不同,不再认为20%的优质客户群对企业的收入发挥决定性作用,企业还需重视余下的80%客户,在不断挖掘客户的过程中获取巨大的商业价值。该理论的基本原理很直观,与马克思主义哲学观的量变引起质变本质相同,积少成多,最终小市场发生质的飞跃而变成大规模市场。充分利用80%客户群较为零散、微小、个性化的需求,最终可形成一个不可小觑的长尾市场。

"二八定律"观点认为,企业八成的收入源于20%的优质客户群,而其余80%客户仅能为企业带来两成收入,即处于长尾阶段的大多数客户的市场价值不大,对企业收入贡献很小。长尾理论与"二八定律"存在显著差异,主要分歧在于长尾处的80%客户。互联网金融的技术特征,决定了互联网金融企业可充分利用长尾市场,因为技术带来的便捷性极大地降低了开发市场的边际成本,80%客户群开始变得具有投资价值。

在互联网信息技术充分运用之前,传统金融机构主要经营高质量的20%的高净值客户群,为优质客户提供所需的金融服务,而处于长尾端的80%客户的金融需求长期不能得到满足。这是因为金融机构主要目标在于追求最大利润,而分散的、小额的融资需要因成本较为高昂而难以满足。互联网金融的业务创新主要针对分布在金融长尾尾部的零散、小额及个性化的理财需求、融资需求等。相比于传统金融,互联网金融因其业务覆盖了长尾端,故具有更为广泛的影响。

第二节 互联网金融风险管理文献综述

20世纪90年代后期,移动支付、云计算等现代信息技术不断发展壮大,促进了互联网金融活动快速发展。2013年是我国互联网金融发展元年,从此我国开始和世界金融一起步入互联网金融发展阶段。R.莫顿(Merton)和Z.博迪(Z.Bodie)指出金融功能比金融机构更具稳定性,即金融功能在时间和空间上变化较小,但金融机构随着功能形式的变化而变化。互联网金融是在传统金融基础上发展起来的,虽然基本功能变化很小,但发展模式在不断创新。鉴于此,本研究对近期国内外关于互联网金融的内涵、风险、风险成因、风险度量和监管等进行综述。

一、互联网金融基本内涵、模式及特点研究综述

互联网金融是传统金融与现代网络技术相结合的产物,其随着互联网时代而到来,以互联网技术为基础的金融创新形式出现。2012 年,谢平首次提出"互联网金融"这一概念以后,互联网金融的研究开始成为研究的热点问题。

(一)互联网金融的内涵

2015 年在联合国贸易与发展会议(NUC－TAD)上,对互联网金融进行了定义,互联网金融是基于网络提供的金融服务,具体包括网上银行、证券、保险和其他金融服务。从静态角度讲,谢平、邹传伟(2014)认为互联网金融是一个谱系概念,包括从传统银行、证券、保险等金融中介和市场,到一般均衡对应的无金融中介情形之间的所有金融交易的组织形式;龚明华(2014)认为互联网金融是"传统金融的对立面",是运用移动通信和互联网技术提供金融服务的一种新型金融形式;兰秋军(2011)认为互联网金融是互联网企业和实体金融机构利用互联网技术实现资金支付、投资和融通的新型金融业务模式,如互联网支付、网络借贷、互联网保险等。从动态的角度讲,多名专家和学者认为互联网金融是一种行为,如叶冰(2013)指出互联网金融是互联网企业(第三方支付机构)向普通民众提供金融服务的动态行为,不是某一领域的产物或模式。

(二)互联网金融模式

发展互联网金融的目标是为企业或者实体经济融资,将储蓄

者的资金通过合法的形式转移到融资者手中,根据一般均衡定理的表述,Mas-Colell（1995）认为金融中介是不存在的;Mishkin（1995）认为金融中介是以规模经济和专门技术为基础,有一定的信息处理能力,能解决储蓄者和融资者的信息不对称等问题;谢平、邹传伟（2012）认为,互联网金融模式是以现代信息技术为基础的移动支付、社交网络和大数据云计算等,促使资本市场直接融资,是不同于商业银行间接融资的第三种金融融资模式,即"互联网金融模式",强调互联网金融 3 个功能为支付方式、资源配置和信息处理;艾瑞咨询集团从实体业务的角度将互联网金融模式分为 8 种业务经营模式,包括移动支付、第三方支付、传统金融网络化、互联网货币、网络贷款、P2P、众筹方式、大数据的证券投资应用等;刘云、朱瑞博（2014）指出互联网金融具有 5 种运行模式,包括电商平台的金融（阿里、京东）、网上金融超市（陆金所）、P2P（人人贷）、众筹（Kickstarter）和虚拟货币等;郑联盛（2014）结合国内和欧盟等互联网金融业务的发展经验,指出互联网金融主要体现在传统金融业务网络化、第三方支付业务、互联网信用业务、互联网虚拟货币化和互联网金融异化等。

（三）互联网金融的特点

周茂清（2014）指出互联网金融相比传统金融业务,具有运行效率高、交易成本低、覆盖面广和发展速度快等特点。郑国强、张聪（2015）在分析互联网金融特点时指出,互联网金融具有模式多样化、信息化水平高、便捷程度高、普惠性大等四大特征,总体而言互联网金融的创新进一步降低了金融交易的时间和成本,扩展了金融服务领域。孙蕾（2014）在分析互联网金融的具体属性时指出,互联网金融的优势是为客户提供便捷的服务,打破了银行的垄断局面,降低了金融机构的营业成本,促进了利率市场化改革,可以为小微企业直接融资;劣势是容易受到黑客攻击、风险防范力度不足,不受传统金融监管机构的体制机制限制,存在优势和劣势的两面性。许多奇(2016)指出互联网金融的概念覆盖范围更为广泛,本质特征具有高科技性、革命性、普惠性和合作共赢性。

(四)关于互联网金融的理论研究

David M. Kreps, Paul Milgram, John Robert 和 Robert Wilson (1982)建立了 KMRW 声誉模型,又称"四人帮"模型。此理论解释了在进行多阶段博弈时,声誉机制起到了一定的促进作用,前一阶段的声誉会对下一阶段的效应产生一定影响,会对利益相关者产生一定的影响。在互联网金融领域,必须对大量的交易数据进行挖掘、分析和筛选,以便投资人在重复博弈中能够准确地判断对方的信用水平。Chris Anderson (2004)提出长尾理论(The Long Tail),长尾理论的核心是"聚沙成塔",积累传统的小市场创造出大的市场规模。他否定了"二八定律",指出80%的中小客户服务成本低,而且其利润贡献力要好于20%的高端客户,进而改变了传统金融业的服务模式。进一步讲,现代化的互联网平台,为传统金融市场构筑个性不同的长尾市场,对于小微企业的信贷、P2P、个人信贷担保等"尾部"业务,传统商业银行鉴于以上业务风险较高,无暇顾及,这为互联网金融企业带来了较大的利基市场空间,在业务定位上具有较大的差异化模式。美国经济学家海曼·明斯基(1992)最早对金融脆弱性问题进行了系统的阐述,主要是根据资本主义经济萧条与繁荣的长波理论,以债务—通货紧缩为视角,明确了金融体系的脆弱性,形成了"金融不稳定性假说",核心内容是商业银行和相关贷款人不得不经历周期危机或者破产浪潮,银行的困境将会传递到实体经济的各个领域。

Lee W. McKnight, Joseph P. Bailey（1995）在专著《互联网经济学》（*Internet Economics*）中讲到开放和平等的互联网精神。互联网经济学是专门对互联网服务市场展开研究的一门学科,具体包括互联网云的经济特征和作用机制。互联网经济学具有边际成本递减的趋势,其较低的边际成本与传统金融模式存在显著差异。因此,现代互联网技术在金融领域的重构是通过互联网活动中的边际效益递增规律使个体金融服务供需模式得到优化的。Gurley, Shaw（1956）最早提出各种金融中介机构为储蓄者和融资者的信贷循环起着关键作用,到 20 世纪 70 年代,金融中介理论开始成熟。多位专家学者对金融中介理论的核心观点进行解析,Diamond（1984）指出,金融中介能够减少逆向选择和道德风险的交易安排,但信息属于一种公共物品,必须由专门机构来提供;Tobin（1987）指出金融中介可以创造出更多的投资种类;关伟（2014）指出利用互联网技术,可以降低金融交易成本或信息成本,在此可将互联网金融分为中介和市场两类,互联网金融与传统金融的最大区别就是利用新技术使效率有很大的提升。

二、互联网金融风险的内涵、类型研究综述

（一）关于互联网金融风险的内涵

关于金融风险的内涵及概念的讨论,基本核心是金融行为主体面临不确定性。从广义上讲,王曼怡（2015）指出金融行为在实体经济或者投资过程中,由于受事前无法预料的不确定因素带来的各种影响,使得投资主体的预期收益与实际收益产生一定的偏差;从狭义上讲,Crockett（1996）将金融风险定义为金融资产价格异常波动,或者各种金融机构背负巨债,导致的资产负债结构恶化,让金融机构在面对经济冲击的时候变得极为脆弱,进而影响

到国家或地区宏观经济的运行；吴晓求（2015）认为互联网将实体金融变为虚拟金融，但在性质上仍属于"金融"，这是互联网金融成长逻辑所在。互联网金融风险的概念也被多位专家学者定义，闰真宇（2013）、周娟（2015）指出互联网金融风险是随着互联网金融业务的加大，产生的不确定性和不可控性，外加产生各种损失的可能性。许雯（2015）认为在某种特定条件下，现代互联网金融业务所产生的不可控性与不确定性，导致金融行为遭受损失。由于互联网具有覆盖范围广和传播速度快等特征，相比传统金融风险，互联网金融风险更胜传统金融风险一筹，充满了复杂性、多样性和多变性。何文虎（2014）认为互联网金融风险在蕴藏着诸多不确定性的基础上，具有强传染性、高虚拟性、强时效性、超复杂性等几个明显的特征。

（二）关于互联网金融风险的表现

根据美国学者 Cronin（1997）的著作 *Banking and Finance on the Internet*，网上金融服务成为新的服务领域的同时，也带来虚拟世界的各类风险。

首先，互联网金融在开放的环境下藏匿着各种不确定性，互联网金融交易系统存在风险。交易系统风险是由于网络安全漏洞、技术错误以及交易平台的不稳定所导致的信息不对称风险、战略风险、技术和操作风险。刘峰（2015）认为由于交易者之间的信用评价和身份信用基础等各种信息不透明，形成信息不对称风险，表现形式为资金流向的信息掌控风险、信息时代数据爆炸导致的信息不对称风险和网络信贷的决策风险。霍兵（2014）指出互联网是新生事物，没有太多的发展经验可循，又缺乏专业金融风险管理知识，导致各类互联网金融企业在做高层战略规划和顶层设计时，往往很难执行各类规划和处理各类问题，衍生出互联网金融的"战略风险"。杨群华(2013)指出互联网金融系统由于技术短板和各类不可预测的问题,导致互联网金融出现系统性的安全风险、技术支持风险和技术选择风险。魏鹏(2014)阐述了互联网金融的操作性风险。操作性风险是由于互联网金融工作人员或者投资人操作不当,给投资者带来的损失,另外系统或技术上的缺陷也给交易安全带来一定的影响。李真(2014)认为互联网金融具有内生性风险,主要是第三方支付主体的经营超范围风险、虚拟账户的资金沉淀风险,以及各种网络信贷公司"跑路"事件引起的信誉风险。

其次,从互联网金融的外部环境分析可知,互联网金融具有信用风险、市场风险、流动性风险。王汉君(2013)指出信用风险是交易双方不能全部或不愿意全部履行合同义务,或信用等级下降,给投资人造成损失的不确定性。信用是互联网金融发展的纽带,信用风险具体的表现形式有:①违约风险,尤其 P2P 网贷中的违约风险最为严重;②个人信用信息有被滥用的风险,如果用户的信用信息被滥用,就无法对信用评估对象做出客观的评估;③欺诈风险,由于内部管理不严,管理人员出于私利进行的欺诈行为;外部人员通过盗用或盗取用户资金,骗取用户资金的欺诈行为。传统金融面临着市场风险。巴塞尔协议《市场风险监管措施》对市场风险进行了定义,市场风险为"可能由于市场价格波动使得银行资产负债表内和表外头寸出现亏损的风险"。刘志洋、汤珂(2014)指出互联网金融并没有改变金融的本质,互联网金融也要面临由市场波动引起的利率风险、汇率风险、股票风险和商品风险,但是互联网金融交易成本低,当市场波动较大时,用户可以很容易地对金融资产进行处理。互联网金融也存在流动性风险,在经济形势不好或者不稳定的形势下,储户会大规模挤兑互联网金融企业的基金。徐争荣、林清泉(2016)指出互联网流动性风险主要是部分金融产品在经济形势不乐观的状态下,当流动性资金不足时,将导致互联网金融企业清算倒闭,并以余额宝为样本分析了互联网金融产品的流动性风险。赵静(2014)指出互联网金融机构合法性难以确定,互联网金融停留在传统金融和现代互联网金融的交叉地带,由此说明业务主体、经营范围和监管职责尚不明确,有很大的法律风险。孙淑萍(2014)指出虚拟货币的使用会导致金融行业的整体杠杆率和风险加大,由于互联网交易成本低,提高了货币的流通速度,可能会引发很高的通货膨胀。由于央行的货币政策无法约束互联网金融,使得互联网金融在运行中的风险不能自控。巴曙松、朱海明(2013)在分析网络支付的风险时指出,国内网络支付存在内部管理失当、外部欺诈频出、配套环境缺失等风险因素。以上风险因素给交易者带来的损失很难估计,更给网络支付安全的监管带来了一定的困难。周小川(2004)指出传统金融存在一定的道德风险,必须保持金融的稳定性。许荣(2014)指出互联网金融是全民共享的"普惠金融",被商业银行排斥在外的大众收入者将被纳入互联网金融体系之中。在信息不对称的大背景下,存在的道德风险是制约互联网金融发展的主要因素,如在电商小额贷款中产生信贷危机,导致借款人无法偿还贷款,出现道德风险。

三、互联网金融风险的形成原因与作用机理

在经济全球化和地域经济集团化的背景下,互联网金融在世界发达国家有了一定的发展,我国也开始慢慢兴起。李继尊(2015)指出互联网金融兴起的原因是由于传统金融服务与社会各界融资的需求之间出现空当,金融监管不利为互联网金融提供

了成长的温床。大数据、云计算和移动互联网的兴起为互联网提供了技术的支撑，外加电子商务的快速发展，这都为互联网金融提供了更多的发展机遇。王立勇(2016)认为互联网金融精减了传统金融的业务流程，使得投融资双方运行高效。由于互联网金融具有很强的成本优势，对行业发展体现出乘数效应，具有积极的外部经济效应。

姚国章(2015)从信息技术的角度指出互联网金融风险产生的原因有三个：一是互联网金融缺少相关规范标准；二是现有的监管体系无法适应新的业务发展需要，导致对新兴行业"监管滞后"；三是大数据和云计算等终端技术价格的复杂性，导致现有网络技术安全无法对抗黑客和各类病毒的攻击，使各类风险不断涌现。张靖思(2016)指出互联网金融在发展过程中由于受到政策导向不明确的影响，监管出现漏洞，加之传统金融业对互联网金融的反击和信息安全性不高等问题进一步加剧了互联网金融的风险程度。李娜(2014)指出互联网金融风险产生的主要原因如下：一方面互联网金融企业往往在吸纳存款或者非法集资过程中，只宣传收益率高，但不揭示其中存在的风险；另一方面由于利率没有完全市场化，普通民众对金融风险没有正确的认识。郝文正(2014)在分析互联网金融风险时，介绍了P2P网络借贷的庞氏骗局风险、洗钱风险、个人信息泄露风险和网贷平台破产风险。并指出产生风险主要有以下两个原因：首先是缺乏监管主体、网络信贷准入门槛低和缺乏明晰的行业标准；其次，P2P在发生借贷行为时，借款人要承担的实际成本要超出基准贷款利率的4倍，这一行为是否受到法律保护、是否违法现在无法可依。全国人大制定的证券法、银行法和保险法都是针对传统金融行业的，针对P2P等网络金融的监管要求处于空白，说明约束和规范互联网金融的相关法律比较滞后。牛丰、杨立(2016)以博弈论和信息经济学为基础,进一步分析了网络借贷 P2P 信用风险的成因,包括信用体系未完善导致的事前逆向选择,监督机制缺乏导致的事中道德风险,约束机制丧失导致的事后道德风险。中国人民银行济南分行课题组(2014)认为互联网金融风险不断出现,主要是由于没有明确的法律规定,立法和监管滞后,互联网金融基本上处于监管真空。同时,互联网金融跨行业和跨地区的特点,致使无法从根本上解决互联网监管的问题。

四、互联网金融风险的度量与评估研究

多位学者在分析了互联网金融风险理论的基础上,也对其进行了实证分析,主要是集中在理论模型构建和具体案例实证等方面的研究。

(一)相关理论模型

宋光辉(2014)以余额宝的风险度量为例,利用 CVaR 模型对其进行测度,结果表明,互联网金融风险还在可控范围之内,对风险具有预测性。李琦、曹国华(2015)利用 Credit Risk + 模型,在不同置信水平下,利用四个行业的贷款数据,估计互联网金融的信用风险,在行业风险因子间协方差一致时,复合伽玛 Credit Risk + 模型和多元系统风险 Credit Risk + 模型的 VAR 值大体相等,说明能够估计贷款组合的信用风险水平。孙小丽、彭龙(2013)引用风险度量(KMV)模型,利用金融市场数据,计算出样本数据的资产价值波动率、预期违约率和违约距离。通过测度结果可知,KMV模型对企业信用风险评估具有可行性。Guo Y. H. (2015)将实例风险评估模型与传统的利率评估模型相比,实例的风险评估模型(Instance-based decision model)能够有效地估计 P2P 市场借贷的

风险。欧阳资生（2016）利用 Pareto 极值分布模型和历史模拟法模型，利用上证综合指数对互联网金融进行 VAR 估计，结果表明历史模拟法模型有时能够得到与 Pareto 分布模型相差无几的结果，但受其非参数特征的影响，建议在选择实证模型时要慎重考虑。

（二）相关案例与实证分析

吴雯婷（2016）通过调查问卷的形式，确定五个风险点是明显的，构建 VAR 模型，利用数学分析软件 Mathlab 12.0 对两类互联网金融企业的风险点进行对比分析，结果表明最为显著的风险点是互联网平台的风险，表明互联网虽然依托现代互联网技术，但是发展理念仍然停留在传统金融层面。李明选（2014）借助 Eviews 软件，利用邹检验（Chow test）与虚拟变量法，实证分析了我国金融机构信用风险影响因素，结果表明自 2005 年我国出现互联网金融以后，国内金融机构的信用风险具有很大的变化，同时虚拟变量法表明这种风险由于互联网金融的出现而逐渐变大。李凯琪、沈蕾（2015）引入 VAR 方法，建立广义自回归条件异方差模型（GARCH），选取 7 种互联网产品挂钩的货币基金，对我国互联网金融产品的绩效水平进行了评价，结果表明 7 种互联网产品挂钩的货币基金收益率服从 GED 分布，具有"尖峰尾厚"的特征。孙皓（2015）利用 GARCH 模型，对 Bitcoin、上证 380 指数和深证成指的风险进行度量，结果显示 Bitcoin 风险值高于股票资产风险值，是高风险投资产品。

五、互联网金融风险的监管

互联网金融有效地促进了金融市场的创新，在给投资者和融资者带来巨大便利的同时，也存在很多风险，必须加以监管和规范。2015 年中国人民银行和工信部等 10 部委为明确监管责任，联合印发《关于促进互联网金融健康发展的指导意见》，该指导意见成为互联网金融健康发展的导向。

(一)关于互联网金融风险事前防范的研究

王国刚(2015)在分析我国新常态下的金融防范机制时指出，目前国内金融运行险象丛生，未来应该推进金融体系改革，调整央行的资产结构，顺应国际收支平衡，以功能结构监管为导向，防范和化解区域性风险和系统性风险。赵春兰(2015)认为互联网金融监管的法制比较滞后，为国内互联网金融的发展带来了各种风险，应该建立互联网金融防范法律机制，整合和提高金融相关法律的层级，强化相关配套法规，提高立法的前瞻性。王锦虹(2015)分析了债权人放弃低成本和低风险的高质量项目，相反转向高风险和低质量的互联网金融 P2P 模式的风险。为了防止信息不对称和风险识别上的障碍问题导致的逆向选择和防范 P2P 模式带来的风险，应该确定合理的贷款利息，形成信用共享机制和建立完善的政策担保体系，处理好贷款者和借款者之间的信贷配给、还款意愿和预期收益之间的关系。郑重(2015)指出互联网金融行业本身的准入机制逐渐被政府批准所代替，行业协会将会发挥巨大的作用，应促进行业自律，建立自我约束机制，加强投资者的风险教育，促进互联网金融市场的健康发展。

(二)互联网金融风险的监管必要性、内容与原则的研究

关于互联网金融监管的意义方面，程举(2015)指出互联网金融使得金融发展模式得到创新和效率得到提高，但互联网金融在现代化网络发展道路上，受到人为的、技术的、政策的各种因素影

响,风险问题也随之而来,加强监管和规范互联网金融意义重大。王汉君(2013)指出在虚拟环境下发展起来的互联网金融,不仅具有传统金融的风险,还有因其技术特殊性,外加监管措施不得力和监管法律缺失带来的风险,给我国金融监管带来了巨大的挑战。

关于互联网金融监管内容方面,谢平、邹传伟(2014)指出互联网金融监管成为"互联网健康发展"的前提条件之一,并将互联网金融监管分为机构监管和协调监管。机构监管包括对金融互联网化、移动支付、大数据网络贷款、P2P、众筹等主要类型进行有效监督与管理。协调监管即集中各级政府和管理部门,搭建"交叉性金融产品和跨市场金融创新的协调"平台。刘力臻(2014)分析了互联网金融风险监管的内容,包括规模和技术准入监管、互联网融资的资金量监管、风险指标监管、法规监管等四部分内容。王施诗(2015)指出目前我国互联网金融发展时间较短,监管主体还没有明确,存在着监管混乱的现象,必须对监管主体进行界定,一方面将互联网金融纳入中国人民银行监管体系之中,另一方面根据分业监管的原则,主张银监会、证监会、保监会"三会"对互联网金融的长尾业务进行监管,最终组建互联网金融监管委员会。

互联网金融监管的原则方面,屈援、李安(2014)指出互联网金融进行监管时应该在辩证统一的原则下,坚持鼓励创新与风险防范相结合,市场自律、行政监督及司法监督相结合,监管一致性与相对性相结合,扩大信息监测与加强信息披露相结合及对消费者进行教育与保护,坚持以上五大原则,促进互联网金融健康发展。张晓朴(2014)对国际监管经验进行了系统的梳理,探讨了互联网金融新的监管范式,详细解读了互联网金融的12条监管准则,主要原则涉及协调、防范、数据监管和行业自律等。苗永旺

（2015）指出对互联网金融进行有效监管需要采取规则监管与原则监管、机构监管与功能监管、宏观与微观审慎监管、政府监管与自律监管相结合的原则，以促进互联网健康发展。

国外互联网金融监管经验的借鉴。Chaffee，Rapp（2012）研究了 Dodd-Frank 华尔街的改革和消费者保护法案对网上 P2P 贷款的监管模式。两位学者认为个人消费者保护法案和 Dodd-Frank 华尔街改革对网络在线 P2P 贷款的监管更为有效。胡剑波（2014）在分析国外互联网金融的监管经验时指出，英国是网络信贷的发源地，对 P2P 网络信贷行业监管是以《消费者信用贷款法》为依据，由金融服务管理局和公平贸易局统一监管。鲁政委（2014）对美国互联网金融的第三方支付监管经验进行了分析，指出美国并没有专门就互联网金融进行立法，但互联网金融早已将第三方支付等互联网金融置于能够适应的监管规则之内。

（三）互联网金融风险管理实践的相关研究

关于互联网金融风险管理具体路径与对策方面，主要集中于第三方支付风险监管、P2P 网贷风险监管、大数据金融风险监管、众筹风险管理等。关于第三方支付方面的监管，朱绩新（2010）分析了欧洲、美国和亚洲等地区的第三方支付的发展经验，建议我国在对第三方支付进行监管时，必须加强立法、厘清银行与第三方企业的关系，加强结算体系建设。杨彪和李冀申（2012）在借鉴欧美对第三方支付监管经验的基础上，系统地分析了第三方支付的风险形成原因与机理，从宏观的角度分析了第三方支付的运行机制，提出我国应该将第三方支付纳入全国支付清算系统的总体框架，加强其准入监管和动态监管。关于 P2P 网贷存在的风险，王再（2014）认为 P2P 网贷存在技术风险、流动性和证券化风险、担保与关联性风险等，当前亟须确定监管机构、完善个人征信体系等。陈兆航(2013)认为P2P网贷的法律风险形成原因在于监管制度不完善和征信规则不完善、市场准入和准出标准不规范,应该建立多层次监管体制,明确市场准入和准出机制,加强与第三方机构的合作等。关于大数据金融风险管理方面的研究,刘英和罗明雄(2013)界定了大数据金融的概念,认为大数据金融是指通过大数据海量交易信息来提供的金融服务,主要是通过当前互联网、云计算等信息化处理手段,为资金需求方提供融资的服务。翟伟丽(2014)认为大数据的发展促进了社会生产力的极大提升,传统金融业将不可避免地呈现大数据趋势,互联网金融的大数据化将倒逼现有金融体系变革。众筹最早源于美国2012年JOBS法案,它标志着众筹的合法化。针对众筹的风险管理,刘志坚和吴坷(2014)对众筹的起源、类型、特点进行了分析,在借鉴国外经验的基础上,认为国内应适时放开股权众筹。汪莹、王光歧(2014)对众筹融资模式进行分析时指出,我国众筹融资模式具有法律、信用、知识产权和评估风险,建议政府部门制定众筹融资的法律,规范众筹行为。互联网金融门户的产生,是为了随时满足客户对贷款、理财等多种金融产品的需求,其必将对传统金融业形成冲击。关于这方面的风险管理,罗明雄(2014)全面阐述了互联网金融门户的内涵、历程、特点及其对金融业的影响,分别介绍了信贷类、保险类、理财类、P2P网贷类金融门户运营模式,这为我国互联网金融正常发展带来一定借鉴与启示。在现实中金融机构信息化对我国金融业发展既有积极影响,也带来了一定的风险。张忠平(2010)研究了信息化金融机构产生的影响,认为信息化金融机构加剧了银行业竞争,认为其可能推动巨型银行的出现,造成监管困难。任莉(2009)指出银行信息化风险的主要成因是技术缺陷、法规制度缺失及信息和风险传导速度和影响范围在逐渐加速,建议应该提升技术水平、制定相关法律,实现金融监管信息化。邵勉也(2009)指出在防范银行信息化风险过程中,应该建立首席信息官构架,组建专职机构和应急快速处理队伍,还应该完善银行信息协调机制。

六、文献述评

首先,互联网金融研究时段较短。从现有的研究文献看,国外对于互联网金融的研究是在进入21世纪以后,国内是在2012年以后。随着互联网技术的发展和支付宝等第三方支付的兴起,我国开始对互联网金融进行研究。从时间上看,对于互联网金融的研究时间较短。由于互联网金融是时代发展的产物,相信随着研究期限的延长,会构建起一套完整的理论体系,促进和指导互联网金融可持续发展。

其次,研究角度多元化和跨学科化。由于互联网金融是在现代互联网技术和传统金融基础上发展起来的,涉及互联网技术和金融两大学科,属于交叉学科。从研究文献可以看出,研究学科涉及计算机学科领域、经济学科中金融学、统计学和管理学等领域,还涉及法学和公安监管领域等,由于涉及学科较多,从国内外现有文献看,研究体系呈现出“碎片化”特征。虽然各个学科领域都有自己的研究特长和研究主题,但目前还不能形成系统的理论体系。

第三,基础理论创新不足,研究内容针对性不强。由于互联网金融是在传统金融基础上发展起来的,当前互联网金融的研究支撑理论也是基于传统金融理论,所以互联网金融的概念体系、学科体系和支撑理论的完善与创新还有待深入探讨。从现有的互联网金融研究内容看,主要涉及互联网金融的产生、基本特点、风险产生的机理、度量和调控对策等内容,研究内容多为理论性、宏观性,切合实际发展和有针对性的内容较少,这是在未来的研究中必须重点研究的内容。从国内外的研究看,由于国内开展得较晚,多数是通过借鉴国外研究内容发展起来的,因此,在未来的研究中,要根据欧美等发达国家与我国存在的国情和经济发展体制的差异进行研究,不能完全照搬和复制国外的发展经验。

第三章　互联网金融对金融自由化与金融深化的促进

第一节　互联网金融、金融自由化及金融深化理论阐述

一、互联网金融内涵

(一) 互联网金融含义

互联网金融现在尚无统一的定义,但就其基本内涵已经达成了共识。总的来说,互联网金融是指互联网技术和传统金融业的有机结合,依据大数据、云计算、社交网络和信息通信技术在开放的互联网平台上进行支付、融资、信息中介等业务的一种新型金融模式,是互联网和传统金融模式相结合而成的新领域。目前可分为以下几类,第一,第三方支付,指具备一定信誉和资金的非银行机构采用与各大银行签约的方式,借助通信及互联网技术,在用户与银行结算系统之间建立连接的电子支付方式。第二,网络融资,主要包括三部分,一是 P2P 网络贷款平台,即对点信贷,指通过互联网平台进行资金借贷双方的匹配;二是大数据金融,指集合海量非结构化数据进行实时分析,了解客户全方位信息,以进行营销和风险管控;三是众筹模式,指向网友募集资金的模式。

第三,网络投资,指利用互联网平台进行投资理财,如余额宝等。第四,信息化金融机构,指传统金融机构与网络相结合的模式,如网上银行、电子商务等。第五,电子货币,如比特币等。

（二）互联网金融特点

互联网金融将互联网平台与传统金融模式相结合,因而除了传统金融业风险性、效益性、高杠杆等特点外,也得到了互联网的特性,拥有了不同于传统金融业的新特点。目前普遍认为,互联网金融融合了互联网平台,相比传统金融,具有信息化、规模化、便捷化、个性化的特点,并以此改变了金融业的经营方式。实际上,金融业的本质是信用,互联网金融也必须遵循行业的基本规则,即将风险控制放在首位。互联网最大的优势就是大数据,可以帮助传统金融业低成本、高效率地克服信息的不对称,降低风险。因而,互联网金融有别于传统金融产业的最主要特点就是大数据带来的低征信成本,而其他特点如规模化、便捷化等也同样来自大数据的使用。

二、发展中国家的金融自由化与深化

金融自由化理论是美国经济学家麦金农和肖针对发展中国家金融市场不完全、资本市场严重扭曲以及政府对市场过度干预的状况而提出的,旨在促使金融当局进行改革,放松或解除市场上的金融抑制状态,给金融交易提供更为宽松自由的管理环境。所谓金融抑制是指政府过度干预金融体系的发展,进而阻碍经济发展的状态,包括利率上限、较高的准备金比率、指导性的信贷政策以及对金融中介机构的歧视性税收政策等。而金融自由化即金融管制自由化,是"金融抑制"的对称,指政府主动减少对市场的干预,确立市场机制的基础作用,本质上是实现金融深化的方法和手段。金融深化是金融自由化改革的最终目的,指金融自由化与金融部门以外的其他手段有机地联系在一起,优化资源配置、调整产业结构、增加金融资产的实际收益,促进经济发展的一种状态。在金融深化的环境下,金融市场能够有效配置社会资金、促进经济发展,而经济发展也能推动金融业的发展,形成良性循环。

金融自由化理论将金融发展置于经济发展的中心位置,认为发展中国家的经济增长缓慢源于金融抑制所引起的资本稀缺,而金融自由化和金融深化能够提高金融市场活力,吸引国内外投资,有利于经济增长,据此主张减少金融市场上的政府干预,以金融自由化的方式实现金融深化,促进经济增长。麦金农和肖的早期理论主要论证了金融自由化条件下实际利率提高能够刺激经济中的资本积累,同时吸引国际资本投资,提高经济货币化程度,有利于就业和产出的稳定增长,可以摆脱发展中国家由于资本稀缺造成的经济徘徊的局面。以后的一些学者则从不同角度阐述了金融深化所能带来的其他收益,如金融自由化可以通过取消金融机构的准入限制来刺激竞争,降低金融中介的成本,促进金融产品多元化,提高市场的运作效率等。衡量金融深化的指标主要有经济货币化程度、金融相关比率、金融机构数量及多样化和金融工具多元化等,其中经济货币化程度是最基本的衡量方法。

金融自由化理论将发展中国家的金融发展与发展中国家本身的欠发达结合起来,指出发展中国家金融资本稀缺的原因在于其本身的金融抑制政策,并建议政府放弃对金融市场的过度管制,鼓励金融市场上的充分竞争,以促进金融发展,带动经济增长。互联网金融模式能够提高金融的普惠性,刺激金融机构彼此竞争,这恰恰有利于促进金融的自由化与深化,满足我国小微企业及个人的融资需求。尤其在当今经济全球化和资本自由流动的背景下,互联网技术的发展加强了国与国之间的联系,使商品和资本流通更加方便,也更加符合金融自由化及金融深化理论对于开放性市场的要求,因而,金融自由化与深化理论为互联网金融业发展提供了理论基础,对我国互联网金融发展具有一定的指导意义。

然而,金融自由化本身也隐含着很大的成本,金融自由化会加大金融市场上利率的波动,加剧金融企业的流动性风险,同时,放松对金融系统的监管也可能会增加市场上的套利行为,加剧金融市场上的风险,引发金融危机。因此,在鼓励互联网金融发展的同时,也应及时出台相应的监管措施,规避金融风险,维护金融市场的稳定。

第二节　互联网金融对金融自由化及
金融深化的促进

一、互联网金融推进了金融自由化的革新与发展

互联网最基础的功能是对信息的整合,从而形成了价值无尽的信息流。人类社会的黏合剂实际上是信息。互联网金融大大降低了信息获取成本,终结了大型金融机构对信息的垄断,也就动摇了其垄断金融产业的基础,为形成金融市场竞争机制提供了帮助,推动了金融自由化的发展。

首先,互联网金融机制下,金融机构进入壁垒降低,这必然导致不同产权主体金融机构的出现,降低了我国金融机构国有化比例,在增加我国金融机构数量的同时推动了金融机构发展的多样

化,有利于提高我国金融自由化水平。不同产权主体金融机构间的竞争提高了金融机构的经营效率和资金配置效率,同时使其努力防范金融风险,优化产业结构。这也能影响中国金融业的产业格局,提高国际竞争力,推动中国产业改革深化以及经济社会转型。

其次,市场竞争机制的出现可以从外部激励国有金融机构改革,提高资金利用效率。在以往单一的国有产权体系下,我国国有金融机构已经习惯依赖政府主导、政府担保的运作模式,经营效率低下,资金配置扭曲。市场竞争机制建立了合理的激励机制,促进国有商业银行寻求自我改革,提高资金配置效率。互联网金融模式带来的低成本信息也降低了交易成本,降低了国有企业改革难度。

最后,自由竞争和大数据也共同促成了多元化、个性化金融服务的产生。一方面,市场竞争鼓励了金融创新行为,产生了多元化金融服务,使投资者可以根据自己的风险偏好、资金规模、风险抵御能力等指标,在众多金融工具中选择自己最满意的投资组合,既能分散风险、提高收益,也增强了财富所有者的投资欲望和储蓄欲望。另一方面,互联网是信息的集散地,大数据的使用增加了金融机构对个人的了解程度,也使金融机构更容易提供客户最为满意的金融产品。

二、互联网金融推进了金融深化的革新与发展

大数据所带来的海量低成本信息降低了金融业的征信成本,也为金融业发展带来了新的优势,在促进了资本的流动效率的同时增强了经济的货币化程度,推动了金融深化的革新与发展。

（一）低征信成本减少了金融抑制，有助于走出中小企业融资困境

在互联网金融模式下，征信成本较低，小型金融机构也有能力和动力去搜寻有关企业、市场和经济形势的信息，也可以根据这些信息去调节利率进行投资融资活动，这本身就降低了经济活动中的金融抑制，也有助于中小企业走出融资困境。首先，银行对企业的贷款意愿与其规模间存在着很强的负相关性，即大型金融机构为中小企业融资的意愿较低，而小型金融机构本身与中小企业联系较为密切，又因自身实力有限，难以为大企业提供融资服务，因而愿意为中小企业提供融资服务。互联网金融模式下大量小型金融机构的出现为中小企业融资找到了新的出路。互联网金融的增长点大多集中在小微企业及个人业务，这正好是传统金融业很难覆盖或提供的产品和服务不够丰富的领域。

其次，低征信成本也有助于中小企业进行直接融资。目前我国金融市场管制较严，中小企业很难进入股票市场、债券市场进行融资，而在互联网金融模式下，中小企业可以通过互联网平台进行融资，投资人也更容易获得企业各方面信息，愿意对其投资，这也为中小企业取得资金提供了新的方式，近几年蓬勃发展的众筹模式就是其中之一，这也在无形中起到了近似于证券市场开放的作用，提高了我国金融相关比率，有助于金融深化的发展。

最后，众筹模式等筹资方式的出现推动了利率市场化的进程，减少了金融抑制的作用，也激发了大众的投资热情。以往由于金融抑制的作用，存款利率有时甚至低于通货膨胀率，这抑制了民众的投资热情，同时使土地和房产成为更有吸引力的储蓄方式，造成了实体经济所需资本不足。目前互联网融资平台所提供的利率相对较高，金融工具也更加丰富，激发了民众的投资热情，

也相应地降低了中小企业的融资难度。

(二)互联网平台打破金融二元结构,助力农村金融发展

我国金融体系属于双重二元对立结构,一是城市和农村金融体系的对立,二是农村内部正规金融体系和非正规金融体系的对立,双重对立结构极大地阻碍了农村经济发展。互联网金融模式可以将非正规金融机构纳入现代化金融体系,解决金融二元结构所带来的弊端。

一方面,互联网金融信息化特点降低了交易成本,可以提高农村正规金融机构效率,减少农民对非正规机构的依赖,促进农村金融合理健康发展。另一方面,将非正规金融机构纳入现代化金融体系也可以解决其合法性及金融风险问题。传统农户解决资金困境时遵循特殊的差序格局和圈层结构,农村非正规金融体系虽然在农村金融体系中承担重要作用,其法律地位却存在问题,同时由于缺乏有效监管,加上资金运作隐蔽性较强,也积累了较多风险。互联网金融模式将其纳入现代化金融体系中来,既解决了非正规金融机构的合法性问题,也通过加强监管,降低了其经营风险。

(三)互联网金融创新增强了经济的货币化程度,推动了金融深化

经济货币化是指在经济生活中货币的使用程度增加,也就是交易过程中可以用货币来衡量的部分比重越来越大,目前普遍用来衡量一国的经济发展程度。自我国金融改革以来,经济货币化发展迅猛,近年来随着互联网金融模式的发展,经济信用化的加深及各种金融工具的出现使得经济的货币化程度进一步加深,这

也促进了金融深化的发展。

　　一方面,第三方支付手段的出现使大量消费和支付都通过网络进行,改变了人们持有现金的比率,增大了货币乘数,增加了货币供给量;同时,互联网支付手段也加快了货币的周转速度,达到了实质上增加货币供应的效果。另一方面,互联网金融模式也使金融服务更加多元化,互联网金融平台不属于中央银行的监管范围,也不需要持有准备金,其产生与发展减少了经济中所需的准备金数目,从而增加了经济中的货币供应量,推动了金融深化。

第四章　我国互联网金融监管现状分析

第一节　中国银监会对互联网金融监管的历年发展态势

2011 年中国银监会发布通知,指出 P2P 借贷存在影响宏观调控、易变非法机构、业务风险不可控、影响银行体系声誉、监管职责不清、信用风险偏高、房地产二次抵押业务存在隐患等七大风险问题,警醒银行业金融机构与 P2P 机构建立业务、技术防火墙。2013 年银监会召开处置非法集资部际联席会议,未将互联网金融纳入监管范畴。

2015 年银监会等多部门起草征求意见稿,提出网络借贷平台是金融信息服务中介机构,其本质是信息中介,颁布了不得吸收公众存款,不得设立资金池,不得提供担保等禁令。明确了银监会作为中央监管部门,地方金融办作为地方监管部门,负有辖内具体监管职能,提出 18 个月机构自查自纠、行业清理整顿的过渡整改期,这也是国家首次提出要对 P2P 进行明确的监管。

2016 年银监会联合工信部、公安部、网信办发布暂行办法,从制度上明确了网贷中介机构的合法身份,确定网贷平台由中国银监会、国家工信部、国家公安部、国家网信办四部委及各省级政府协同监管,中国银监会及地方银监局制定详细的行业监管政策,国家工信部负责互联网金融企业涉及的电信、信息业务监管,国家公安部负责企业信息、各类风险导致的社会治安、稳定方面的监管,国家网信办负责企业涉及的信息服务业务监管,省级政府按企业注册地对属地机构进行监管。指出网贷中介机构不得吸收公众存款、不得设立资金池、不得发售金融理财产品、不得开展类资产证券化业务等13类禁止性行为,提出网络借贷金额应当以小额为主,明确了对同一借款人在同一网贷平台及不同网贷平台的借款限额,并对网贷中介机构法律地位、监管体制、业务规则、风险控制、信息披露等内容进行了全面规定。

第二节　地方政府金融主管部门对中国互联网金融监管态势

地方政府从互联网金融行业开始萌芽以来,有的新兴金融行业发展较快的经济发达城市,特别是江浙地区,对互联网金融监管方面已开始进行调查研究,并着手出台相对规范的监管规定。在2016年网贷平台正式监管规定出台前,2013年温州市出台了第一部规范民间融资的地方性法规,尝试将P2P借贷公司纳入地方政府监管范围,规范明确性质地位,搭建企业备案、经营信息披露等约束机制,要求各网贷平台严格履行审慎经营义务。12月,浙江省经济和信息化委员会发布通知,明确禁止融资性担保公司从事网贷业务,明确禁止融资性担保机构参与网贷平台股份分配,同时对于网贷平台的借贷双方贷款业务不得进行融资担保,实际上就是禁止融资性担保公司与网贷有任何关联。

其他新兴金融业务板块活跃的省份与地区,也纷纷对互联网金融提出了监管要求。北京出台群众举报涉嫌非法集资线索最高可获得 10 万元奖励的政策。重庆金融办大面积地展开整顿活动,强制性注销 1 家网贷公司,限令 4 家 P2P 公司清退现有债权债务,金额约 5 亿元。《网络借贷信息中介机构业务活动管理暂行办法》出台之后,全国范围内暂停了所有冠金融、投资字样的企业注册登记工作。2016 年国务院组织 14 个部委,在全国范围内,启动为期一年的互联网金融领域专项整治工作,直指 P2P 网络借贷平台等重点领域。

第三节　各行业协会等自律组织引导互联网金融的发展态势

行业联盟与协会等自律组织充当互联网监管补位角色,对借贷行业规范有着不可忽视的重要作用。中国银监会、各部委、地方政府陆续在互联网金融监管的立法与实践方面进行积极探索的同时,在监管缺失、不及时的情况下,引导行业自律,对行业发展发挥了正面指引作用。

2012 年上海市成立国内首家地方性网络信贷服务业企业联盟,在国内较早地对网贷企业提出了规范行业标准。该联盟为联盟内的企业统一制定准入标准,内容包括对平台的运营持续性要求、从业人员条件、企业规范性经营条件及企业内控、风控与对外信息披露等。

2013 年中国小额信贷联盟发布自律公约,成立"中国个人对个人(P2P)小额信贷信息咨询服务机构行业委员会"。对投资人、借款人、行业管理、退出机制、从业人员、信息披露等方面提出了明确标准,提出 P2P 机构清结算分离的概念。委员会成立不到一年,就吸纳了 72 家 P2P 机构。

同年,中国支付清算协会牵头,发起成立互联网金融专业委员会,吸收包括红岭创投、拍拍贷等在内的业内知名网贷公司,由企业参与共同研讨 2014 年工作计划,主要是规划了互联网金融企业之间、互联网相关单位之间的业务往来及资源共享路径。比如,如何在各网贷平台之间和银行、征信平台、法院等关联方之间,建立黑名单共享机制,银监部门如何加强资金第三方监管,企业登记部门怎样设立提高准入门槛,地方政府如何协调网贷平台接入央行征信系统等。

经过中国人民银行、银监会、证监会、支付清算协会研讨酝酿,中国互联网金融协会在 2016 年挂牌成立,以各企业自律管理为基础,经过业内人士、专家调研,讨论通过制定严谨规范的行业标准,成为中国互联网金融企业统一运营准则,使我国互联网金融企业在国际互联网金融行业内独树一帜。

第四节 集中规范整治后的
中国互联网金融发展现状

截至 2016 年年末,国内正常运营平台 1625 家,从互联网金融企业出现以来,累计关停问题平台 3200 余家,仅在 2016 年集中整治的一年就关停整顿 1100 余家,约占 34%,目前正常平台占行业累计出现平台数的 33%;年内网贷平台交易额约两万亿,累计交易额保守估计为 3 万余亿元;年末贷款余额达到 8300 余亿元,基本上在贷款余额方面实现一年翻番;年平均借款期限 231 天;投资利率在 8%~12% 之间居多,出现大幅回落态势,约为 9.93%;活跃借款人 572 万人左右;投资人 998 万人左右;约 70% 平台对交易额进行披露;约25%平台公示待还本金或本息;约15%平台披露风险准备金;约10%平台披露逾期;约6%平台透明坏账信息;全年获得的投资约193亿元,其中B轮及以上投资额共134亿元;融资事件共计280余起,207家P2P平台获得融资,总额在453亿元左右;实现银行存管、直连的平台较少,仅有117家,分别有26家平台对接华兴银行,20家平台对接江西银行,16家平台对接恒丰银行,11家平台对接徽商银行;前100家平台交易规模较大,约在1.5万亿元,不足7%的机构在交易规模上约占77%的份额;少部分大型、规范网贷平台正逐年扩张,获得融资后将布局集团化,有的并购引进新资产,有的合作开发更多的金融产品,有的合作创造新的信息系统技术,有的全国布点拓展投资人、借款人业务。从上述数据来看,互联网金融行业规范化以来,真正创新发展的企业较少,对传统金融机构的冲击不大,成为传统金融体系的有益补充。

第五节　互联网金融急速扩张潜藏巨大风险

一、我国互联网金融规模迅速扩张

《2015—2022年中国互联网金融行业发展前景分析及发展策略研究报告》表明,2015年,我国互联网金融融资规模达493亿元,有379家互联网金融平台成功融资,平台的融资运作也备受瞩目。在资本化运作进程中,成功获得多轮融资的平台有32家。截至2017年底,有285家支付业务许可企业,得到牌照的企业数量不断扩大。通过艾瑞咨询数据了解到,2017年第三方互联网支付交易规模达 15.5 万亿元,同比增长率为 31.5%。基于此业态中的相关数据,我们可以明显看出,国内的第三方支付有着巨大的发展潜力。其他互联网金融业态也蓬勃发展,潜力不可估量。

我国当下的业态门类相对齐全,较之于西方发达国家,我国的互联网金融发展历程明显很短,不过,因为我国经济近几年一直在腾飞,在互联网普及率明显增大和金融创新进程持续增快的背景下,互联网金融也随之得到了迅猛发展。由过去的研究文献可以看到,我国的互联网金融发展模式囊括了发达国家的所有互联网金融发展模式,业态门类较为齐全。这为我国互联网金融的发展打下了坚实的基础。

当下互联网金融快速发展,互联网金融估值维持较高水准。当前互联网金融板块市盈率(TTM)73 倍,处于 2006—2017 年(除 2015 年极高估值外)平均估值 62 倍上方。互联网金融热潮从 2014 年下半年开启,第三方支付、P2P、消费金融相继成为市场热点。

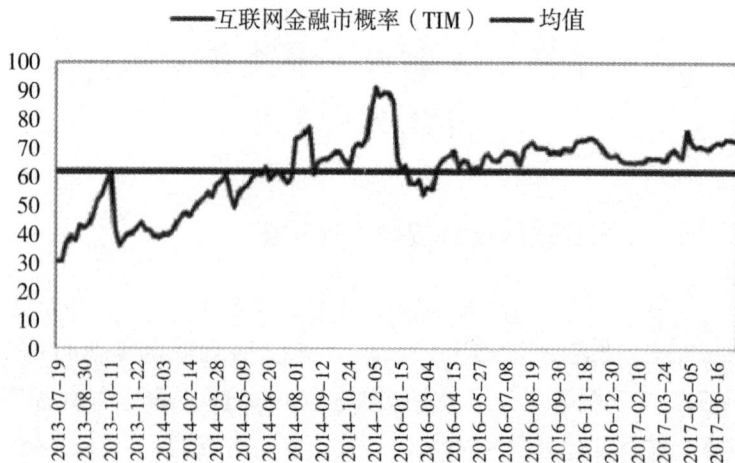

图 4-1 互联网金融 2013—2017 年估值(剔除 2015 年)

　　监管正本清浊,竞争强者恒强。随着整治和各方面制度的出台,互联网金融行业已经走向了规范化的道路,不像之前更多地暴露了如非法集资等违法风险。资产的质量决定行业的持续发展形势。网贷平台的资金托管问题,第三方支付的账户管理、P2P平台业务管理、担保、直接融资等诸多监管,均在落实。伴随"穿透式"监管实施,金融产品的合规性将进一步提升。互联网金融的创新将越来越集中在金融产品端的创新及升级上。

　　第三方移动支付飞速发展,得益于移动互联网的迅猛发展,截至2017年第一季度,支付宝、腾讯金融两大巨头占据超93%的市场份额,相比2015年第三季度的87.5%,份额进一步提升。腾讯金融在微信支付发展后份额大幅从16%上升至近40%,"社交黏性平台+支付"的强大竞争能力体现得淋漓尽致。

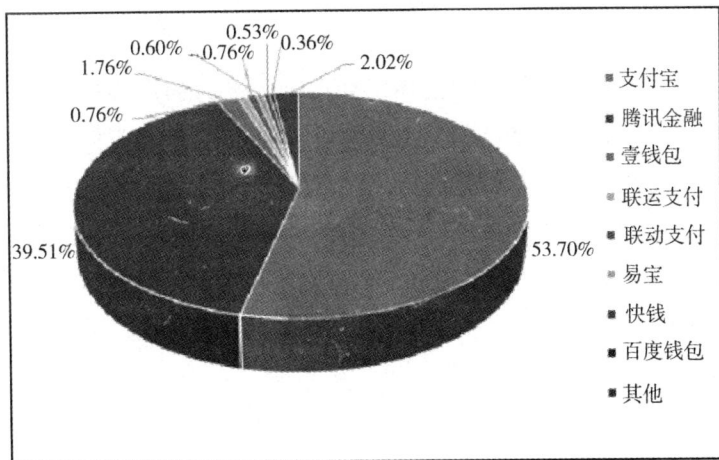

图4-2　2017年第一季度我国第三方移动支付市场份额

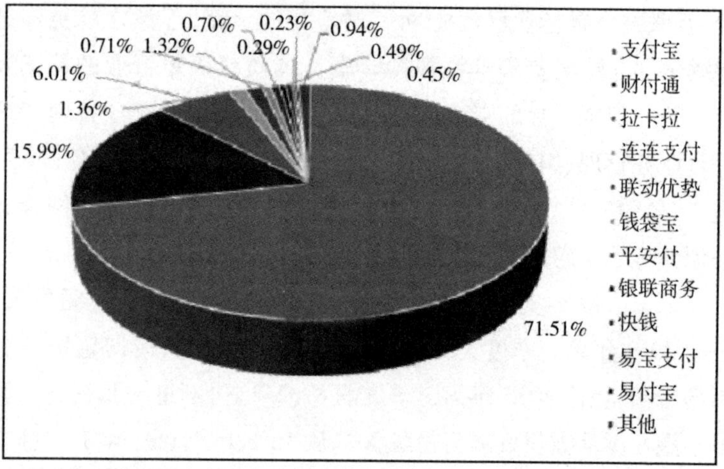

图 4 - 3　2017 年我国第三方移动支付市场份额

　　截止到 2017 年 12 月,中国使用网上支付的用户规模达到 4.75亿,较 2016 年 12 月,网上支付用户规模增加了 5831 万人,年增长率为 14%。中国网民使用网上支付的比例从 60.5% 提升至 64.9%。其中,手机支付用户规模增长迅速,达到 4.69 亿,年增长率为 31.2%,网民手机网上支付的使用比例由 57.7% 提升至 67.5%。

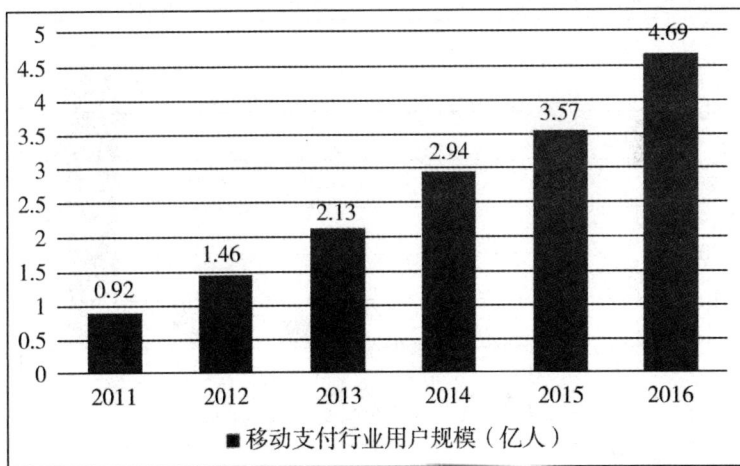

图4-4 2011—2016年我国移动支付行业用户规模

随着移动互联网的兴盛,通过手机购物的人群也逐渐庞大起来。有移动电子商务市场规模数据显示,到2016年,移动电子商务的销售额占到中国所有网络零售额的一半以上。

2016年我国第三方移动支付行业交易规模达58.8万亿元,移动支付将逐步成为网民购物的常态支付手段。

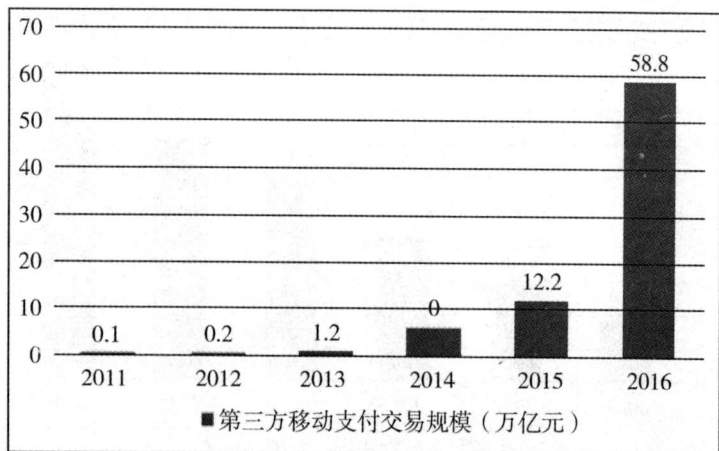

图 4-5　2011—2016 年我国第三方移动支付行业交易规模

消费金融正在成为互联网金融企业转型的重要方向。我国互联网消费金融市场交易规模在 2017 年突破 1 万亿元,到 2019 年达到 3.4 万亿元,三年复合增速接近 100%。从中美对比来看,美国的消费金融占 GDP 的 19.7%,而我国的这一比例是 6%。越来越多的消费者开始尝试和使用消费金融服务,尤其是 85 后、90 后消费人群正在崛起。

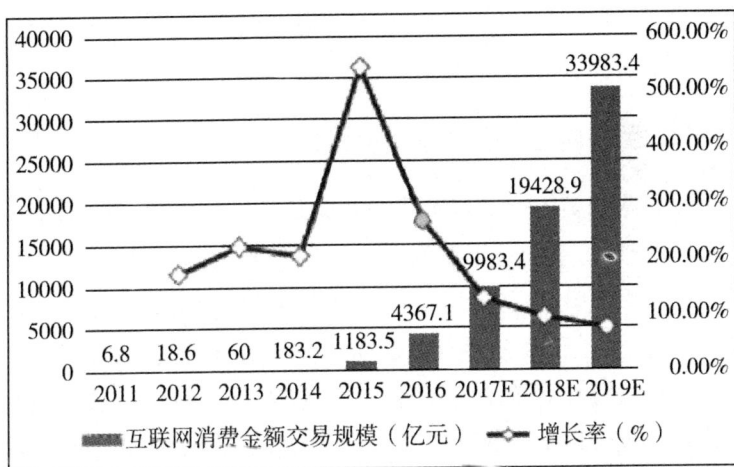

图 4-6　2011—2019 年我国互联网消费金融交易规模及增速

2016 年招联消费金融实现营业收入 15.33 亿元,同比增长 1070%,净利润达到 3.24 亿元,实现开业以来的首次盈利。2016 年马上消费金融已经实现扭亏为盈,净利润约为 650 万元。2016 年中银消费金融实现净利润 5.37 亿元,同比增长 168%,扣除非经常性损益后净利润 5.12 亿元,超过此前注入上市公司的业绩承诺数 2.63 亿元。2016 年捷信消费金融获爆发式增长,实现营业收入 68.26 亿元,同比增长 156%;实现净利润 9.31 亿元,同比增长 2721%。四家消费金融公司保持了极高的利润增速,持牌消费金融机构相对于市场上的互联网金融创业企业,风控和扩张相对平衡,在风控标准上相对更为严格。为此,虽然在一开始业务量增长上速度没有创业公司那么激进,但他们抓住了市场上相对优质的一批客户。电商系消费金融领军者。电商系交易闭环自成一体,"平台＋增值服务"变现模式占据极高地位,流量分割下

— 49 —

的巨大优势带来电商消费金融极速发展。2016 年天猫双 11 信用支付超 2.1 亿笔,开通信用支付人数超 1 亿人,大学生消费金融平台分期乐拥有 1100 万交易用户。

二、互联网金融风险开始凸现

互联网金融无论是对于我国还是西方发达国家而言都是一个全新的领域,人们对于互联网金融的认知依然非常有限,因而会产生很多风险:一是信用风险。我国目前尚没有构建相应的诚信体系,同时互联网金融的虚拟性进一步加剧了信用风险,造成实际发展过程中没有办法对所有人员的信用进行有效的监管。二是资金配置风险。如以"e 租宝"为代表的互联网 P2P 业务,就已经给人们敲响了警钟,其本身在发展过程中如果不进行有效的监督以及管理,如此大规模的违约或是企业自身经营性风险而带来的无力偿还,都会造成社会的动荡以及互联网金融发展的滞后与搁浅。三是产品使用风险。无论是 P2P 还是一系列的网络借贷平台,其本身的产品以及风险控制体系相对薄弱,从而也就造成没有办法保证所有产品的安全性,使投资者受到潜在损害。

有关数据显示,2017 年全年每月新增问题平台 82 家,以 2017 年 11 月为例,其中,选择"跑路"的平台数就达 64 家,环比 10 月激增了 433%。截至 11 月底,全国问题平台数累计为 1248 家,问题平台占全部平台的比例高达 34.5%,也就是说平均每三个平台中就有一个出现了问题。

具体各地的分布情况如下：

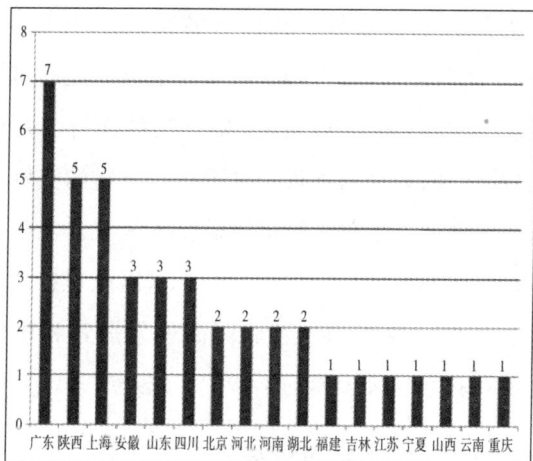

图 4 - 7　跑路平台分布情况

这些平台出现的问题的类型区分如下：

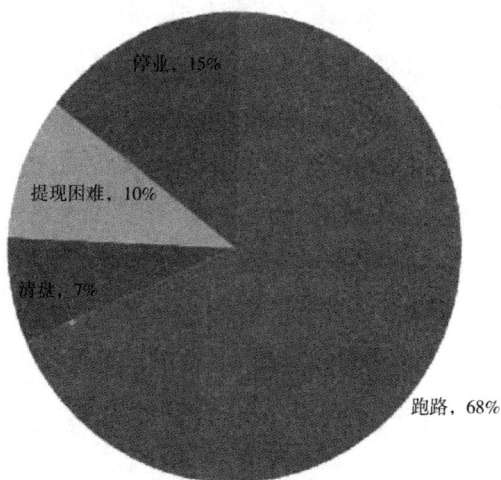

图 4 - 8　问题平台情况

例如 2017 年最为轰动的钱宝网,截至 2017 年 8 月底,钱宝网已经投资 30 多家公司、遍布全国 10 余省市,用户注册量已超过 2 亿。根据钱宝网官方公布的数据,其交易金额已经超过了 500 亿元。在长达 7 年的时间里钱宝网一系列的欺诈行为并没有被人们所了解以及认知,并且由于政府对于这一方面的监管缺乏合理的制度,从而也就造成了对于钱宝网监督的失责。从整个钱宝网的事件来看,其暴露出的是整体监管的失责以及机构之间的监管责任不明确,凸显了我国当下互联网高速发展过程中的监管不足,从而也就意味着后续风险的不断扩大以及展开。

三、"e 租宝"非法集资案例

e 租宝全名"金易融(北京)网络科技有限公司",成立于 2014 年,注册资本 1 亿元人民币,是安徽钰诚集团全资子公司。截至 2015 年 12 月 16 日 e 租宝被立案侦查,其累计成交量超过 700 亿元,投资总人数超过 90 万人。2018 年 5 月 27 日,e 租宝案宣告终结,涉案金额 762 亿元,罚款超 20 亿元,共 111 位相关人员入狱。显然,e 租宝是中国互联网金融行业发展乱象的代表案例。

e 租宝作为中国早期发展的一批资本雄厚的 P2P 网贷平台,在其建立的早期,发展是十分平稳的,其上线之初宣传自己是"互联网金融 + 融资租赁",是"融资与融物"相结合的典范,然而其实际经营模式却与宣传的经营模式大相径庭。

e 租宝宣传自己采取全新的 A2P(Asset to Peer) 的经营模式,具体流程如下:

第一,承租人向融资租赁公司提出服务申请。

第二,融资租赁公司审核企业资质,审核通过后与承租人签订融资租赁合同。

第三,融资租赁公司向供货商购买设备直接租给承租人或者以售后回租的形式购买承租人设备再租给承租人。

第四,在融资租赁公司获得融资租赁债权后将已有的融资租赁债权向 e 租宝提出转让申请。

第五,e 租宝对转让债权的风险进行审核,并设计出不同收益率的产品,在其网贷平台上发布项目信息进行销售。

第六,投资人通过 e 租宝对债权转让项目进行投资,融资租赁公司将债权转让给投资者,该笔项目即融资租赁债权转让过程即告完成。

第七,债权转让完成后,承租人通过 e 租宝平台向投资者定期还款,即承租人定期支付的租金。在租金支付完成后,承租人取得租赁设备的所有权。

第八,投资期满后,投资人收回本金和利息。

根据 e 租宝的宣传,在还款期间若发生违约,会有融资性担保公司对债权转让项目中债权承担连带保证担保,全额保证投资人的本息安全;融资租赁公司对债权转让项目中债权承担连带担保责任;保理公司承诺对债权转让项目中的债权无条件赎回,提高资产流动性,使投资者可以自由赎回资金。

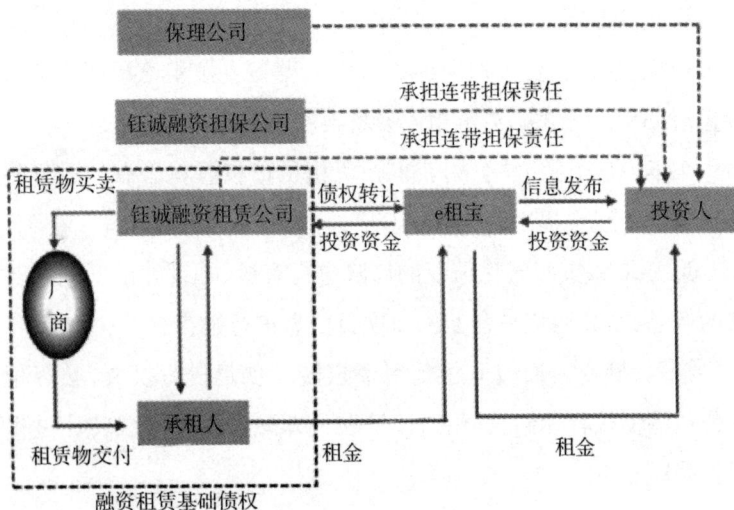

图4-9 e租宝宣传经营模式图

截止到 2016 年 12 月 18 日,北京警方介入 e 租宝事件的调查,e 租宝共计发放 3240 个投资标的,有 89.54 万个投资者共计 313 万次投资记录。根据利率和期限的不同,投资产品主要分为: e 租稳盈、e 租财富、e 租富享、e 租富盈、e 租年丰、e 租年享。e 租宝发售的产品起投金额为 1 元,门槛极低。

产品	期限	预期年化收益率	起投金额	赎回方式	回收方式	申请赎回
e租稳盈	活期	9.0%	1元	T+2	按月支付收益，到期归还本金	投资后可以随时申请赎回
e租财富	活期	13.0%	1元	T+10	按月支付收益，到期归还本金	投资满30天可申请赎回
e租富享	3个月	13.4%	1元	T+10	每三个月支付收益，到期归还本金	可提前申请赎回，提前赎回时收取2%手续费，利息照付
e租富盈	6个月	13.8%	1元	T+10	按月支付收益，到期归还本金	可提前申请赎回，提前赎回时收取2%手续费，利息照付
e租年丰	12个月	14.2%	1元	T+10	按月支付收益，到期归还本金	可提前申请赎回，提前赎回时收取2%手续费，利息照付
e租年享	12个月	14.6%	1元	T+10	每三个月支付收益，到期归还本金	可提前申请赎回，提前赎回时收取2%手续费，利息照付

图4-10 e租宝投资项目

e租宝从成立之初便打着"互联网金融"的名义大肆非法集资，为了让投资者放心，e租宝背后的主要负责人丁宁，即钰诚投资公司总经理成立了金易融（北京）网络科技有限公司，并将其打造成大型准上市企业全资支持的新兴的互联网金融机构。平台运营的一年多时间里，e租宝网贷平台负责人采用拆东墙补西墙的庞氏骗局方式吸引了越来越多的投资者与资金注入平台，然而大部分资金都被包括丁宁、张敏在内的幕后控制人用于钰诚公司的日常经营，甚至是支付自身奢靡生活的开销。案发后，警方逮捕了e租宝网贷平台的涉案人员，并且对他们进行了审问，在与e租宝公司内部高管进行的谈话中，警方了解到e租宝其实就是一个完全的庞氏骗局。纵然e租宝成立之初的宣传口号是"一元起投，随时赎回，高收益低风险"，但是如此高的收益背后一定会涉及巨大的风险。伴随着高额的利润和超强的流动性，这样的平台以其优厚的条件在短时间内的的确确吸引到了大批客户，然而针对其所面临的风险和承受的风险,却没有对投资者有过任何解释,也没有提醒过这些投资者,这样就让这些投资者们做上了暴富的美梦,对他们造成了误导。这样的行为本身就已经触犯了我国法律的规定,属于非法集资的范畴,并且其保本保息的承诺也严重违反了相关部门的规定。同时,在事后的调查过程中,相关负责人承认虚构的标的占比高达95%以上,安徽钰诚集团宣布的207个合作商中,有206个合作商是虚构的,平台大量的资金都流入了钰诚集团和相关公司,是一个具备自融性和非法集资的典型P2P网贷平台。最终虚假的项目不可能带来真的收益,庞氏骗局终有倒塌的一天,e租宝精心编制的谎言最后还是被戳穿,给了我们一个深刻的教训。

e租宝事件带给我们的教训有很多,从其网贷风险产生的外部原因来看我认为有三点:一是P2P行业存在监管机制不健全的现象,中国P2P监管主体不明确,主导部门目前未设置相关P2P监管的专业部门,且中国人民银行对中国P2P的监管程度不够;二是P2P行业自身法律不完善,在e租宝事件发生的时候,中国互联网金融的自律体系是一片空白的,行业内乱象十分严重,无人监管,其中存在巨大的风险甚至是庞氏骗局,比如e租宝;三是e租宝网贷平台缺乏完善的市场调节机制,e租宝平台和大多数网贷平台一样,利率的变化是以民间借贷利率作为参考指标的,中国目前的民间借贷利率一般是以24%作为红线,所以一旦P2P网贷平台利率接近这一利率水平,便意味着平台已经丧失了自主调节市场利率的功能,失衡的资金价格水平会对平台的发展造成巨大的冲击,最终导致崩塌。

第五章　互联网金融对
传统金融的影响

第一节　互联网金融的优势

基于互联网金融高技术含量、依托新兴互联网平台的特性，本研究认为互联网金融主要存在以下优势：

首先，从信息获取角度看，传统金融机构主要依靠纸质问卷或行业数据获取信息，而互联网金融可以依托其网络平台，在网上完成对客户信息的采集，简化了信息的采集流程；获取信息后依托互联网计算平台对其进行深入分析，提高了信息采集的科学性与准确性，从而降低了成本，提高了利润。

其次，从客户群角度看，互联网经过二十余年的发展，已经形成了较为成熟的运营模式与庞大的客户群，如淘宝等购物平台和支付宝等第三方支付平台已经积累了远超过传统商业银行的客户群体，因此互联网金融出现伊始便有了规模庞大的用户。根据艾瑞咨询的数据显示，市场份额排名前五名的互联网金融公司集中了超过90%的用户数量，其月度覆盖用户数已经超过4亿。而随着市场竞争的日益激烈，互联网金融产品也不断推陈出新，从而对更多的客户产生吸附能力，增加了客户群的黏性。

再次，从作用效应角度看，互联网金融在盈利模式上实现了

"长尾效应",即将零散客户的盈利积少成多,形成规模。传统商业银行的零售业务客户群体范围较广,但是由于人力、财力等上的限制,零散客户的需求较分散,并不能带来很大的收益,主要收益还是来源于数量较少的优质客户。基于成本与收益的考虑,商业银行主要关注规模与销量,因此零售银行的服务重点就不能放在需求非集中的零散客户上,也就是说放弃了长尾效应的价值。而互联网金融企业则弥补了传统商业银行的这一弱势,由于金融产品的销售依托于网络平台,从而使零散的客户资源能够实现跨地域的迅速整合,并通过搜索引擎使客户更为便捷地搜索到所需产品,极大地降低了作用成本,迎合了长尾需求。同时,网络实时数据分析与云计算分析工具为客户需求的定制提供了便捷的渠道,有效地打破了增长平台期,实现了长尾效应。

最后,从资源丰裕程度看,互联网金融依托大数据平台能够获得海量的客户资源、数据资源等金融资源。一方面互联网金融企业能够掌握大量的客户信息,通过多维分析能够对决策提供强大的资源支撑;另一方面互联网金融企业能够对用户数据进行及时的修改与反馈,使产品能够有效地迎合客户需求,依托其丰富的资源助力防范金融风险。

第二节　互联网金融对商业银行业务的影响

互联网在金融行业的渗透度不断加深,使得传统金融业感受到巨大的压力和挑战。尤其是对商业银行来说,客户群的大量流失给其经营带来巨大冲击。

金融脱媒,即客户存款从银行搬家。互联网金融机构通过大数据支持加快了金融脱媒的进程,尤其是第三方支付机构的大量出现。众所周知,在传统的网购支付业务流程中,不同的利益相关者起着不同的作用。客户网购平台是由电商提供的,而支付清算业务则通过第三方支付机构提供安全保障,资金结算服务是由银行来提供的,从而实现网上交易的完成。目前,互联网金融业务模式主要有第三方支付业务、网络信贷融资类业务、网络理财投资业务这三大部分,这也正是传统商业银行的主要盈利业务模式。

阿里巴巴集团通过支付宝的网络支付给商业银行带来冲击,并通过支付宝旗下的余额宝理财业务使得金融脱媒的危机降临到商业银行的身上,商业银行既感受到冲击又感受到危机。据不完全统计,2013年互联网金融业务使商业银行流失十分之一的存款,金融脱媒化加剧倒逼商业银行转型,真正从客户实际需求出发,设计更符合用户体验的服务。

一、对商业银行资产业务的影响

由于互联网金融在融资方面具备突出优势,因此传统商业银行的贷款业务受到一定冲击。对于传统商业银行而言,贷款业务不仅能够为银行带来利息收入,还能够影响银行资产收益率,尤其在我国商业银行利润主要来源于存贷差的情况下,互联网金融的出现一方面使商业银行贷款量降低,另一方面使商业银行面临更为激烈的竞争压力,从而进一步挤压了商业银行的利润与生存空间,使其资产业务受到一定冲击。

可以用一定期间内贷款的提前偿付率来表明客户的贷款业务外逃,商业银行的资产业务受到较大冲击。

1.特定的账户。贷款除了计划性还款外还有还款金额,多还部分即发生了提前偿还行为。

$$单月提前偿付率 = \frac{当月多还金额}{当月剩余贷款金额} =$$

$$\frac{当月实际还款额 - 当月计划偿还本金 - 当月计划偿还利息}{当月月初未偿还本金总额 - 当月计划偿还本金总额}$$

2.将批次按特征分组,分为个人、公司、财政等三类账户,分别计划其贷款还款行为。将每月 1 日的存量贷款账户作为同一个批次,以月为单位,统计该批次内的每个月的还款行为。根据上面的公式,用月末数据来计算批次账户的单月提前偿付率:

$$批次账户的单月提前偿付率 = \frac{批次账户当月多还金额}{批次账户当月计划剩余贷款金额}$$

可以得到各个批次间隔月份区间为 N 的单月提前偿付率。

3.加权平均的单月提前偿付率。以批次账户的初始余额为权重,将每个批次间隔相同月份区间的单月提前偿付率做加权平均,得到不同间隔月份区间的加权提前偿付率:间隔月份为 N 的加权单月提前偿付率 $= \dfrac{\Sigma 批次账户初始金额 \times 该批次间隔月份为 N 的提前偿付率}{\Sigma 批次账户初始金额}$。

二、对商业银行负债业务的影响

商业银行负债项的主要组成部分即存款业务,存款业务是商业银行资金的提供者,互联网金融的发展使商业银行的存款出现大量流失,从而使商业银行的经营受到冲击。这一冲击主要通过两个渠道:一方面商业银行主要利润来源为存贷差,而互联网金融使商业银行存款业务大幅减少,迫于压力商业银行不得不提高存款利率来吸引资本,从而抬高了商业银行的融资成本,降低了盈利水平;另一方面,我国《商业银行法》规定银行的贷存比最大上限为75%。这一规定进一步制约了商业银行的存贷款规模的调整,使其不论是存款业务还是贷款业务都受到相应冲击,使商业银行的盈利状况恶化。通过以上两个渠道,互联网金融冲击了商业银行的存款与利息成本,影响了其盈利状况。

1.特定的活期存款账户,某一时刻的存款余额小于其初始值,则可以说发生存款流失。

$$累计流失率 = \frac{期初头寸 - 期末头寸}{期初头寸}$$

$$存款沉淀率 = 1 - 累计流失率 = \frac{期末剩余头寸}{期初头寸}$$

2.将批次按特征分组,分为个人、公司、财政等三类账户,分别统计其活期存款流失率。将每日的存量账户作为一个批次,以日为单位,跟踪该批次账户的每日余额之和,根据下述公式计算累计流失率:

批次账户某一期限的累计流失率 =

$$\frac{批次账户期初余额 - 批次账户期末余额}{批次账户期初余额}$$

3. 移动加权平均累计流失率。

权重是以某一批次账户当日余额前 n 期(含本期)的移动平均值为权重的,计算各个期限的加权平均流失率:

批次移动平均值 = 某一批次账户前 n 期(含本期)的当日余额的平均值;

某一期限的加权累计流失率 =

$$\frac{\Sigma 批次移动平均值 \times 批次账户某一期限的累计流失率}{\Sigma 批次移动平均值}。$$

4.计算活期存款每天的流失金额。

不同期限的活期存款流失金额 = 当日活期存款余额 × 该期限对应的活期存款流失率。

三、对商业银行利润的影响

手续费和佣金收入是商业银行利润项的主要组成部分,互联网金融对商业银行利润的影响主要集中于手续费收入上。第三方理财平台吸引了大量的客户资金投资于互联网理财产品上,从而使商业银行传统的理财业务、银行卡业务以及保险等代销业务量降低,削减了商业银行传统的手续费收入。更深层次的影响是,传统商业银行将会逐渐失去保险、基金等金融产品的代销渠道,从而动摇商业银行的地位。因此,互联网金融的发展对传统商业银行的利润项产生了巨大而深远的冲击。

第三节 互联网金融解决小微
企业融资难问题

一、我国小微企业的界定

通常对于小微企业的划分方式有定量和定性两种,定量的方法主要是以雇用人数、资本规模和年均经营收入总额作为评定的标准。我国对于中小微企业的划分主要采取定量的方法,并且经过多次调整,目前采用的是《中小企业标准暂行规定》(2011)中的划分标准。

不同行业的小微企业具有差异化的认定标准,一般说来,低于职工人数、营业收入以及资产总额三项指标的企业即可认定为小微企业。具体行业具体分析,工业企业划分标准是从业人数达到 20 人及以上,并且营业收入在 300 万元及以上的归属为小型企业;从业人数 20 人以下或营业收入 300 万元以下的则为微型企业。零售企业的划分标准是从业人员 10 人及以上,且营业收入 100 万元及以上的为小型企业;从业人员 10 人以下或营业收入 100 万元以下的为微型企业。通过对小微企业的科学界定,才能有助于进一步理解小微企业融资困难的原因,并设计最适合、最有效的解决方法。

二、解决小微企业融资困境的必要性

小微企业是国家财政收入的重要组成部分,促进市场经济的活跃性,并在提供就业岗位上也发挥着积极的作用。国家发改委的一项数据调查显示,近年来我国小微企业创造的产品与服务价值占 GDP 总额的六成以上,小微企业缴纳的税收占我国税收总额的半数之多;而根据国家知识产权局的一项调查显示,我国 65% 的创造发明和 80% 以上的新产品开发是由小微企业创造的。中国小微企业吸纳就业人数超过 2 亿,占总就业人数的近 27.5%。这些都表明小微企业在我国经济发展中扮演着不可替代的角色。但是,融资难、融资贵等问题却是小微企业生存和发展的绊脚石。

小微企业由于自身存在着诸多缺陷,如规模小、有价值的固定资产较少、征信统计不完整不准确等,这些都加大了小微企业融资的难度。此外,小微企业的信用程度低,如果银行给这些企业发放贷款,便会增大其信贷风险,这使得很多银行不愿意贷款给小微企业,所以很多银行不会也不敢冒风险。小微企业融资难题,不是单单企业的问题,而是社会的一个整体问题,因为政府、金融机构、社会机构等跟企业是一个市场经济链。

绝大多数小微企业是非国有企业,但银行大都是国有银行,国有银行和非国有企业存在着所有制关系"不兼容"问题,贷款给小微型企业不仅仅面临着经济风险,且还承受着政治风险,所以导致小微型企业向银行贷款十分困难。国有银行因为受传统观念与行政干预影响,仍采取歧视性的政策,认为众多的小微企业在产权的制度上非国有、非共有,再加上效益差、资信水平低、投资方向不明确等客观因素的影响,一旦放贷,企业如果不能按时还贷,银行要承担巨额的追索成本甚至于本金损失。倒不如放贷给有经济实力、信用度好的国有企业或者大企业,收入虽有所减少,但能保证其稳定性和安全性。银行这些基于现实的顾虑,给小微企业贷款设置了无形的屏障,导致许多中小型企业因为资金供应不及时或者资金链断裂错失了许多难能可贵的发展机会。

当前,在众多的贷款方式(抵押、信用、担保)中,银行等金融机构对抵质押担保贷款偏爱有加,特别是倾向于那些用土地、房产等一系列较大价值的固定资产作为抵押的贷款企业。但是,这又是中小微企业尴尬的地方。一般情况下,小微企业的经营生产和办公场地都是租借来的,只能用一些相对来说价值较低的资产等进行抵押。银行不愿接受这些抵押物作为抵押品,也就没有意愿贷款给小微企业。即使有银行愿意贷款给小微企业,许多小微企业也是心有余而力不足,因为在贷款前要进行贷款抵押登记。某省银监局局长曾谈道:"抵押综合收费至少要占到中小企业贷款利息的1/3以上。"也就是说,按照100万元的贷款数额计算,中小企业要提前缴纳3.5万元的手续费。银行惜贷,小微企业就陷入了想贷却贷不起的尴尬处境。互联网金融的发展,将会为我国的小微企业发展提供更多的融资渠道,更好地解决小微企业融资的问题和提供更多的融资方式。

三、基于 P2P 业务平台的小微企业融资创新模式

根据融资双方的需求对接的运作模式,基于 P2P 业务平台的

小微企业融资模式可以具体划分为以下三种:点对点信息中介模式、债权转让模式和大众筹资融资模式。

(一)点对点信息中介模式

点对点信息中介融资模式是指由 P2P 网贷平台对交易双方的信息进行匹配,目的是尽最大可能促成投资交易或者撮合投资双方的共同意愿。在此过程中,P2P 平台仅仅扮演信息中介服务的角色,对于交易的双方都是不提供信用担保服务的。点对点信息中介融资模式流程为:首先,利率是获得资金的成本,小微企业融资成本是其非常关注的一项指标,小微企业具有自由选择权,通过 P2P 网贷平台选择最佳的利率水平,通过平台的牵线搭桥,达成合作的意愿。然后,平台会对小微企业的资质、信用记录等进行审核,保证交易的安全可靠。这包括确认企业营业执照、银行流水账单等符合贷款资格的材料。最后,双方达成合作并对风险进行量化防控。

(二)债权转让模式

面向中小企业发放贷款的 P2B(Peer Business)模式,从广义的范畴上讲也是属于 P2P 模式的,并且这种模式在 2013 年取得了较快的发展,其中典型的代表就是积木盒子。创立于 2013 年 8 月的积木盒子,其核心业务主要分为两大类:小微企业的生产经营性借款以及个人的消费性借款。面向企业的贷款业务,由于所需要的资金数额比较大,并且出资人资金集中度相对较高,这也使得其投资风险会大一些。对于风险的规避,积木盒子主要采取的方式有:一、平台上的所有项目必须经过自身团队的尽职调查,并对真实有效的数据进行分析,通过多重模型分析、分层风险控制、甄选并审核项目,保障项目的安全可控性。二、通过可靠熟人推荐或是与独立的第三方担保公司合作,为所有的融资项目配置了相应的保障机制。

(三)大众筹资融资模式

此种模式可以分为两类:一是小微企业通过股权众筹模式来获得运营资金,另一种是通过发布创新项目来融资。这两种类型有着各自的显著特点。以股权众筹模式进行资金融通的特征是,小微企业融资通过该股权众筹平台进行众筹融资相关信息的发布,公众通过服务平台可以购买股权,这也使中小微企业的融资方式不再局限于传统的融资模式,互联网金融使得融资渠道更加多元化,更有助于中小微企业正常经营发展,带来新方式、新气象。创新项目众筹模式的特点在于,小微企业将自己的创新项目在相应的平台上发布,并进行广泛宣传,吸引对项目有兴趣的投资者进行投资,这样来保证项目资金的来源。

第四节 互联网金融对农村 普惠金融的积极作用

金融行业在农村的发展速度比较缓慢,主要原因有:第一,大多数金融机构对于在农村开设网点,会有诸多考虑,如开设网点成本、农村人口密度和业务量等,若无利可赚,金融机构的积极性很难调动;第二,对于农村农民来说,大部分都没有任何信用记录,这对于金融机构来说,很难知晓其信用情况,而且农民缺乏有价值的抵押物,这些风险都使得传统金融机构不愿将资金借给农民。但是农村生产经营活动对于资金的需求又是强烈的,需求不能得到满足,这又使农民与金融机构之间渐行渐远,造成恶性循环。这对于扶植三农,加快农村发展,实现普惠金融是十分不利的。

一、移动互联网是农村普惠金融的破局契机

农村金融在过去几年里有了破局契机,这就是移动互联网。手机的普及使用,让更多的农民能够接触到移动互联网,这也为农民能够享受互联网络的资源打开了突破口。目前,在农村地区的互联网用户数量约占中国网民总数的三分之一,规模大约达到了1.7亿人,这意味着可以冲破PC时代的网点上的限制,农民能真正地与互联网建立联系,长此以往,即可形成良性循环。通过移动互联网,农村的金融服务、金融产品也能逐渐与农民联系起来,实现交易信息的记录、收集、整理、分类,这样才能更准确地对农村金融的发展情况做出判断,设计出更符合农村需要的金融产品。

2013年我国网民总数达到6.18亿人,其中移动网民5亿人,智能手机持有量规模为5.8亿台,与去年同期相比,增速达61.1%。移动互联网的普及使手机用户逐渐成为互联网上最活跃的群体,也为互联网金融建立了庞大的用户基础。移动互联网给农村金融的发展提供了踏板,然而这并不代表农村金融发展是一蹴而就的,还需"按部就班"地进行。

二、助力村镇银行由弱变强

大力扶持农村金融。我国从2006年开始设立村镇银行,服务理念是"立足县域,服务社区,支农支小"。现在全国的村镇银行数量已经超过千家,它们是农村金融发展的中流砥柱,发挥重要的作用。

借助互联网金融模式对村镇银行的资金业务进行集中化管

理,做好流动性业务管理,提高资金的使用效率,更好地服务农村,支持中小企业发展。对村镇银行的资金实行集中化管理,依托高效专业的团队,统一集中管理流动性风险和利率风险,并发挥集团优势。可以选取一家运营技术成熟、操作规范的村镇银行作为资金中心,借助互联网平台实时便捷地管理所有村镇银行的资产负债风险,即流动性风险和利率风险。将市场风险和流动性风险从业务部门剥离出来,从而使业务部门专心管理信用风险、营运风险和法律法规风险。通过互联网金融平台,对资金实施集中专业化管理,减少同业交易量,发挥资金规模优势,达到资源的最优配置。

第六章　互联网金融风险分析

第一节　互联网金融主要业务的风险

第三方支付风险。第三方支付面临的风险可以归纳为三大类：第一类是法律风险，主要涉及监管风险和合规风险等问题，此类风险主要是由于行业自律以及国家法律法规的滞后性造成的；第二类是技术安全风险，主要涉及系统缺陷、用户信息泄露、黑客攻击等；第三类为信用风险，主要涉及资金沉淀、洗钱、备付金管理等问题。

P2P 借贷融资风险。经过几年狂奔式发展，P2P 平台数量迅速增长的同时，问题平台也频见报端，据网贷天眼监测的数据显示，截至 2018 年 2 月底，全国 P2P 网贷问题平台共计 3866 家，占网贷平台总数的六成以上。其面临的风险主要有流动性风险和信用风险。P2P 平台的流动性风险主要表现为兑付危机，主要是由于平台经营不善造成的。P2P 平台的信用风险表现为诈骗问题和非法集资问题，诈骗问题主要是法律空白和监管真空造成的，非法集资主要是因为征信不完善、监管不到位造成的。

众筹融资平台风险。众筹平台的风险主要包括：市场风险，投资者经验不足；信息严重不对称使投资者对项目了解甚少，部分投资者比较盲目；信用风险，发起人和投资人之间由于利益冲突,经常发生纠纷;投资者还面临诈骗等风险。

第二节　电商平台的互联网消费金融风险分析

一、蚂蚁花呗的运作方式

蚂蚁花呗是2014年12月阿里蚂蚁金服运行的小额消费贷款产品,是典型的"先消费,后付款"的运作模式。2016年双11当天,蚂蚁花呗的支付交易笔数在88分钟的时候超过2015年同天全部交易笔数,达到6048万笔,支付成功率高达100%。蚂蚁花呗的运作方式如图6-1所示。

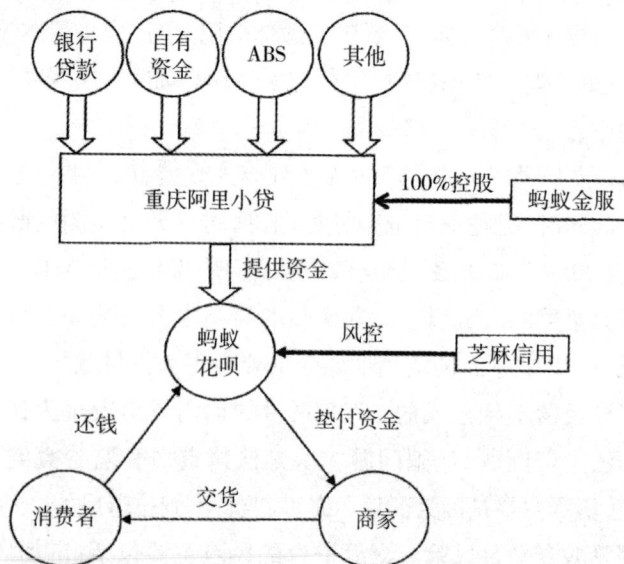

图6-1　蚂蚁花呗的运作方式

蚂蚁花呗是消费者和商家之间的桥梁,首先消费者在网上购买商品,使用蚂蚁花呗来支付,蚂蚁花呗为消费者垫付资金,然后商家将商品交付给消费者,之后消费者再向蚂蚁花呗还款付息。蚂蚁花呗是通过蚂蚁金服完全控股的重庆阿里小贷来提供资金的,而重庆阿里小贷的资金来源有银行贷款、自有资金和 ABS(资产支持型证券)等。蚂蚁花呗的风控措施是通过消费者的芝麻信用分数来判断,分数越高,消费者信用度越高。

一、蚂蚁花呗套现问题

蚂蚁花呗套现会让人们冒着各种风险去套取花呗给予我们的消费额度,对社会信用安全危害极大。一般蚂蚁花呗套现收取其中 5% ~ 10% 的费用。花呗套现的流程是淘宝商家先告知套现者套现的费用,然后套现者在淘宝店上购买商品,使用花呗额度给商家付款,之后套现者确认收货,然后商家扣除事先协商好的费用,最后再将剩余款项转账给套现者。蚂蚁花呗原本是为了刺激居民消费,并不通过消费者的银行账户,只是在消费者购买商品之后,花呗为消费者提前支付的一种金融模式,但是蚂蚁花呗的支付方式存在漏洞,让一些不法分子有机可乘。这种徘徊在法律边缘的套现行为严重影响了互联网消费金融的健康发展,且具有随机性,难以监测,加大了蚂蚁花呗的违约风险。

二、蚂蚁花呗套现的防范措施

第一,加大风险的检测。阿里巴巴公司收集包含支付宝用户所有在支付宝上交易的行为,针对收集来的交易行为,阿里云将这些行为转化成数据,对这些数据进行复杂的大数据运算整理,进而形成一套比较完善的信用评价体系,反过来对每个用户的授信都使用芝麻信用分数作为评审蚂蚁花呗额度的重要标准。审批蚂蚁花呗额度的标准是根据虚拟交易结果产生的芝麻信用分数作为唯一标准,这样会导致阿里公司不能完全准确地收集到用户的信息,会给阿里公司带来因道德风险而发生的损失。我们可以与人民银行的征信体系相结合,构建虚拟经济与实体经济互补的信用评价体系,蚂蚁花呗为了降低风险可以结合两方优势给用户更加准确的花呗额度。加大交易风险监测的措施包括限定交易的金额、种类、次数和时间点,并对 QQ、微信等聊天软件和参与套现的相关商家进行整顿,以保障资金的使用安全。

第二,实行实名制认证。支付宝、财付通等第三方支付机构的来势汹汹,给才开放不久的中国支付清算市场激发活力的同时,也给支付市场带来了一定的混乱。为了不让这种混乱持续下去,支付宝等第三方支付平台应接入人民银行核查系统,对支付平台的客户信息进行更加严格的核查,要以客户的身份证为唯一核查标准对客户的身份进行验证,人民银行能实现相关用户的资料信息统一管理,可以随时查询。对相关用户进行身份验证是通过对其各类交易行为进行记录,包括对相关用户交易的账户信息、类型、时间点和银行卡信息等进行记录,为以后的调查留存数据,让违法犯罪分子无处遁形,进而可以保障国民财产的安全。

第三,规范资质审核。花呗套现的频发,给阿里公司带来了损失,也给我国消费金融市场管理敲响了警钟。规范蚂蚁花呗申请者的资质成为当下可以降低套现风险的最有效的途径,要求申请者的年龄为 18 岁以上,至少有一张信用卡,需要实名认证和人民银行征信报告等,将用户的违约成本提高,规范用户的资质审查,以此来降低蚂蚁花呗套现的风险。

第四,加强自我保护。在这个纷繁复杂的世界,我们要保护好自己人身财产安全很重要。蚂蚁花呗套现骗取了很多用户的钱财,我们需要用法律手段保护自己,但是我们更应该做的是自己不轻信那些说能轻易获得一些财物的骗子,加强自我保护意识,不做违法犯罪的事。我们还可以建议国家监管部门如人民银行制定相关法律法规,加强监管相关的行为,保障我们自己人身财产安全。

通过对蚂蚁花呗的运作方式、套现问题和具体风险防范措施的分析,我们可以发现基于电商平台的互联网消费金融的风险具有套现现象导致的信用风险、平台审核不严导致的操作与技术风险。

第三节 消费金融公司的互联网消费金融风险分析

一、北银消费金融公司的运作方式

北银消费金融公司是由北京银行独资成立的全资子公司,于2010年3月1日正式开始营业,是我国首批持有牌照的消费金融公司,主要是为我国居民的消费提供贷款。在其将近66万户的客户群体中,有64%的客户贷款金额少于10 000元人民币,可见其普惠金融模式非常突出。随着近几年的快速发展,北银消费金融公司在业务规模和客户群体等方面都取得了跨越式发展。北银消费金融公司的运作方式如图6-3所示。

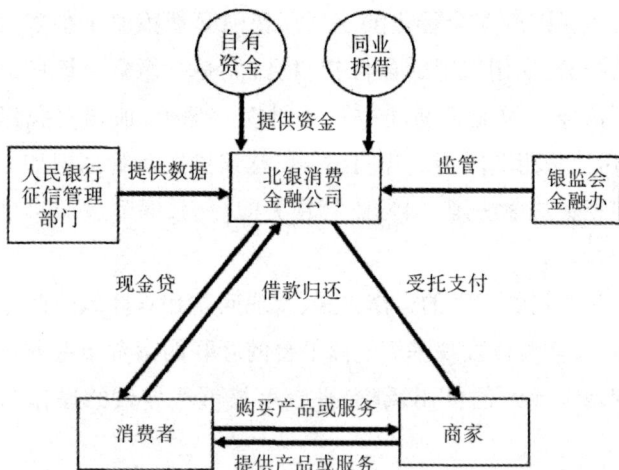

图 6-3 北银消费金融公司的运作方式

北银消费金融公司的资金来源包括自有资金和同业拆借。北银消费金融公司是由人民银行征信管理部门提供数据的,受银监会、金融办监管。北银消费金融公司有三种贷款产品类型,包括现金贷、受托支付和循环贷。北银消费金融公司的现金贷是消费者申请消费贷款,北银消费金融公司通过给消费者的银行账户直接汇款的方式进行贷款发放;受托支付是消费者在购买产品或服务的时候使用北银消费金融公司受托支付产品进行支付;循环贷是在北银消费金融公司给的额度范围内消费者可以分次贷款、循环使用。

二、北银消费金融公司运营中存在的问题

由于消费金融公司经营的是无抵押纯信用消费贷款,公司运营初期,面对广泛的信用消费者,借款者骗贷行为屡见不鲜。比

如,审核资料伪造、家庭住址或自营公司是暂租、贷款者中途随意更改贷款用途等。同时,消费金融公司由于期初经营缺乏经验,对于借款者信贷资料审核不严、信贷人员未做到尽职从而使消费金融公司面临财产损失。另外,当出现违约时,部分催账人员未做到合理催账,对借款者相关亲属朋友进行了过多电话骚扰,甚至出现恐吓电话,侵犯了借款者及不相关成员的合法权益。同时,北银消费金融线上产品申请也出现同样的违约行为,部分分公司对借款者的信息也未做到安全保护,导致消费者个人信息泄露。以上是公司内部在运营的过程中出现的普遍问题,随着消费金融市场的逐步发展与成熟,消费金融公司获批增多,市场同业竞争压力增大。以下对 2016 年众多消费金融公司产品利率做一比较,如下表 6 - 1 所示:

表 6 - 1 不同消费金融公司的年化利率的比较

消费金融公司	年化利率
北银消费金融公司	8.31%
中银消费金融公司	7.23% ~ 16.68%
捷信消费金融公司	21%
锦城消费金融公司	5.31% ~ 21.24%
平安普惠金融公司	6% ~ 8.4%
点融消费金融公司	9.49% ~ 23.99%
招联消费金融公司	17.8%

注:数据来源于网络公开信息。

从上述产品利率可以看出,各家消费金融公司的贷款利率都是在央行基准利率上浮动,根据客户的信用以及还款能力自行设定利率,但是都不会超过央行基准利率的 4 倍。不同的产品定价及同业竞争对北银消费金融的业务拓展起到一定的冲击作用,如平安普惠金融产品利率、锦城消费金融产品利率均低于北银消费金融产品利率,这对客户群体的资信要求产生差异,利率越低客户资信要求越高,同业竞争给北银消费金融的经营带来了一定的潜在风险。

再通过分析北银消费金融产品结构可知,如下表 6 - 2 所示,不同产品对借贷者的资信要求也有所不同,如何降低风险,合理划分客户群体是北银消费金融面临的一个重要课题。

表6-2　北银消费金融公司的相关产品比较

北银消费金融公司	相关产品
直接支付类	线上　轻松 e 贷、极速贷
	线下　轻松贷、白领贷、惠农贷、尊享时贷、助业贷
受托支付类	轻松付、易分期
循环信用类	Mini 循环消费贷、循环时贷

三、北银消费金融公司的风险防范措施

在面对信用风险时,北银消费金融公司通过与国外股东——西班牙桑坦德消费金融公司签署合作协议,引进先进的国外科学管理技术来降低风险。围绕客户服务管理、业务分析以及信贷审批方面建立一整套科学的管理系统,针对不同的客户可以更科学地判断客户的资信情况,根据客户的信用等级以及资产情况可以更准确地判断并授予客户信贷额度以及产品利率。同时,在准确掌握客户信用信息的基础上,整个授信流程也变得快速便捷,并且在一定程度上预防了客户可能存在的骗贷行为,降低了信用风险。

在面对操作风险时,北银消费金融公司通过加强内部培训,提高内控能力来降低风险。一方面,通过引进与信贷受理业务、审批业务相关的高端人才,利用他们的丰富业内经验完善系统内部的操作流程;另一方面,加强公司整体员工的业务培训,提升整体员工的工作技能与职业素养,规范员工的具体操作流程,避免源头上出现操作风险。同时,定期对员工操作技能进行考核,实行合理有效的奖惩制度,促进员工不断提升操作水平,规范操作行为,大大降低了操作风险。面对同业竞争带来的市场风险,北银消费金融通过自有的大数据平台,分析客群的消费行为与信贷意愿,针对不同消费群体制定相适宜的具有市场竞争力的产品价格,加强市场竞争意识,更好地服务于客户。

同时,面对非正当催款,北银消费金融逐步加强规范催款行为,在追款的同时尽量减少侵犯消费者的权益,也加强授信后对客户贷款用途的监督,减少违约行为的发生。

通过对北银消费金融公司的运作方式、运营中存在的问题以及风险防范措施的分析,我们可以发现消费金融公司的互联网消费金融的风险存在信用风险、市场风险、操作风险和监管风险等。

第四节　商业银行的互联网消费金融风险分析

一、中银 E 贷的详细信息

中银 E 贷是一款消费信贷产品,运用大数据和消费金融等系统,目前主要是为有中国银行银行卡的优质客户办理消费信贷服务,以后会发展到其他存量客户甚至外部优质客户。中银 E 贷的最高使用额度是人民币30万元,在授信额度内允许循环贷款,客户的消费贷款审批下来后会发放到贷款者的账户中,从发放之日起按日计息,根据贷款者的信用评级分数的高低,贷款利率实行差异化定价,其中最低年利率为5.22%。贷款者要在贷款发放之日起一年内还清贷款,还款期限从1个月到12个月不等,其中还款期限不超过3个月的,还款需要到期一次性还本付息;还款期限是3个月到12个月之间的,实行按月付息到期还本的还款方式。中银E贷的详细信息如表6-3所示。

表6-3　中银E贷的详细信息

中银E贷	详细信息
贷款金额	最高30万元
贷款期限	还款一般为期12个月,贷款者在授信额度内允许循环贷款
贷款用途	贷款可为个人消费支付买单,银行会规定消费的用途,银行拒绝支付超出规定之外的用途的个人消费
使用方式	贷款者在授信额度内允许循环贷款,且借贷方便。还款是按日计息的,即贷款利息是贷款率乘以贷款使用天数
还款方式	还款的方式有到期一次性还本付息和按月付息到期还本等
担保方式	无抵质押担保

注:数据来源于中银E贷官网。

二、中银E贷的运作方式

中国银行推出的消费信贷产品——中银E贷,其特点有无抵押、审批快、借贷方便、额度高等。中银E贷的运作方式如图6-4所示。

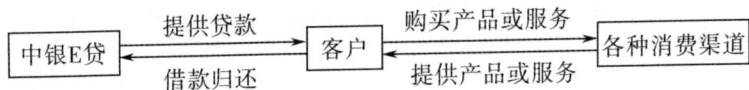

图6-4　中银E贷的运作方式

中国银行通过中银E贷向持有中国银行借记卡的特约客户提供消费贷款,客户可以通过各种消费渠道使用消费贷款来购买产品或服务,这些商家为客户提供产品或服务,客户需要按时还款到中银E贷绑定的中国银行借记卡上。中银E贷的特约客户的条件包括银行金融资产客户、住房贷款客户、私人银行客户等,只要满足其中一项即可。由于中银E贷的申请条件比较严格,中银E贷的业务量很小,易被消费金融公司所替代。

通过对中银E贷的详细信息、运作方式的分析,我们可以发现商业银行的互联网消费金融的风险有信用风险、市场风险。

第五节　不同模式互联网消费金融的风险比较

前面已经对四种模式的互联网消费金融的风险进行了分析,基于电商平台的互联网消费金融的风险有信用风险、技术风险;基于P2P网贷平台的互联网消费金融的风险有信用风险、操作风险、法律风险、监管风险;消费金融公司的互联网消费金融的风险有信用风险、市场风险、操作风险、技术风险、监管风险;商业银行的互联网消费金融的风险有信用风险、市场风险。下面对这四种模式的互联网消费金融的客户来源、审批模式、资金来源进行对比,并做出总结,如表6-4所示。

表6-4 不同模式下互联网消费金融差异化比较

互联网消费金融	电商	P2P	消费金融公司	商业银行
客户来源	通过自身电商及支付业务,消费者数量众多	覆盖有针对性的用户,目前用户不多	业务模式接受程度低,覆盖用户不多	通过自身银行业务,覆盖大量潜在客户
审批模式	借助用户的消费记录完成审批,并开展征信业务	有互联网特色的风控体系,比传统机构效率更高	风险容忍度偏高,审批程序比银行效率高	成熟的征信和审批模式,但审批程序效率低下
资金来源	股东资金、自身资金实力雄厚	自有资金、P2P理财和传统金融机构	股东资金和金融机构间拆借资金	银行存款,成本低,来源稳定
总结	用户覆盖优势大,业务创新及大数据等技术实力强大	新兴的互联网消费金融模式,各方面能力有待提升	现有业务模式受众面小,需丰富创新现有的业务模式	业务模式成熟,但审批要求严格,周期长

通过对不同模式下互联网消费金融的差异化进行比较,可以看出由于客户来源、审批模式、资金来源等的不同使得各平台存在的风险不同。结合以上各平台具体案例分析所总结出的基于各平台的互联网消费金融风险有所不同,我们可以发现:四种模式下的互联网消费金融共有的风险是信用风险,操作风险和技术风险更多地出现在基于电商平台的互联网消费金融、基于P2P网贷平台的互联网消费金融和消费金融公司的互联网消费金融,消费金融公司的互联网消费金融和商业银行的互联网消费金融还共同出现了市场风险,基于P2P网贷平台的互联网消费金融和消费金融公司的互联网消费金融还共同出现操作风险和监管风险。

综上所述，基于四种模式的互联网消费金融风险均属于互联网消费金融风险，因此我们得出互联网消费金融的风险共有信用风险、市场风险、操作与技术风险、法律与监管风险六种。

第七章 互联网金融风险评估

互联网金融是互联网和传统金融结合的产物,其具备二者各自的特点。通过前一章对互联网金融各种风险的研究,我们探讨了其特征与影响因素。本章将借鉴传统金融业的风险评价手段,结合互联网金融所具备的特点,对互联网金融风险进行评估。

互联网金融风险评估指标体系的建立是进行互联网金融风险评估的一项重要基础工作,科学有效的互联网金融风险评估指标体系不仅要具有合理性、准确性,同时,还要具有普适性的特征。

本章将采用风险评分机制,在总结现有的风险评估方法的基础上,利用模糊层次分析法,建立互联网金融风险评价模型,对互联网金融风险进行评估。

第一节 建立基于模糊层次分析法的
互联网金融风险评估指标体系

一、互联网金融风险评估指标体系设计

为了能够对互联网金融风险进行评估,本研究在这里设计了一个风险评估指标体系。根据风险的性质,把互联网金融风险分

为二级评价指标,并确保在建立模型时,每一个一级评价指标都有与之相适应的二级评价指标。风险评估的原则是,首先对二级进行评分,然后根据各二级指标的分值按权重加总,合成为互联网金融风险一级指标的评分分值。二级指标的选择需要结合历史资料、现实状况及业内资深从业人员的经验来进行评估。本研究在参考国内外研究的基础上,对已有的相关指标体系加以改进,进而提出如表7-1显示的互联网金融风险评价多层次指标体系。

表7-1　互联网金融风险的指标评价体系

目标层	一级指标	二级指标
互联网金融风险	技术风险	网络支付后门风险
		网页钓鱼风险
		互联网病毒风险
		黑客攻击风险
		技术故障风险
	信用风险	欺诈风险
		征信系统风险
		信用违约风险
	操作风险	创新支付方式风险
		消费者操作风险
		银行系统操作风险
		互联网金融企业操作风险

续表

目标层	一级指标	二级指标
互联网金融风险	政策法律及声誉风险	电子合同及电子签名风险
		政策滞后风险
		信息安全法律风险
		触碰"高利贷"风险
		声誉风险
	市场风险	利率风险
		汇率风险
		证券市场风险
	流动性风险	建立资金池风险
		期限错配风险
		资金平衡风险

通过表 7-1 可以看出,互联网金融风险评价指标体系由 6 个一级指标和 23 个二级指标构成。这一互联网金融风险评价指标体系的一级指标既包括传统金融风险指标,也包括与互联网风险相关的指标,即技术风险、信用风险、操作风险、政策法律及声誉风险、市场风险和流动性风险,其中技术风险所包含的二级指标全部是由涉及互联网技术所产生的风险组成,操作风险的二级指标中也包含部分由互联网金融活动所引起的相关风险。

二、模糊层次分析模型

模糊层次分析法(Fuzzy Analytic Hierarchy Process, FAHP)是一项关于分析复杂问题的决策技术与方法,是数学和心理学结合的一种定性与定量相结合的系统分析方法。它是 20 世纪 70 年代由美国运筹学教授托马斯·L.萨蒂(T. L. Saaty)开发的,已被广泛研究并不断得到细化。该方法可以对量化评价指标,选择最优方案提供依据,比较适合复杂社会科学领域的决策分析。

构建模糊层次风险模型步骤如下:

(1)建立递阶层次结构,为互联网金融指标的权重确定做准备。层次结构主要包括目标层、准则层和指标层三层。本研究构建的指标体系的目标层为互联网金融风险评价,准则层由六个一级指标构成,具体包括:技术风险、信用风险、操作风险、政策法律及声誉风险、市场风险和流动性风险。在每个一级指标下,依次设定了若干二级指标,共计23个。

(2)构造模糊判断矩阵。基于上述所构建的递阶层次结构,对影响某因素的下一层每个因素重要性做出判断,通过这些因素之间的两两对比确定相对重要性的得分,最终得出本研究所需的模糊判断矩阵。本模型按 1~9 标度法来为模糊判断矩阵赋值,见表7-2。

表7-2 模糊判断矩阵标度法

标度	含义
1	i,j 重要相同
3	i 比 j 稍重要
5	i 比 j 明显重要
7	i 比 j 强烈重要
9	i 比 j 极端重要
2、4、6、8	上述判断的中间值
上述标度的倒数	j 对 i 的重要性之比

(3)检验模糊判断矩阵的一致性。对不满足一致性的模糊判断矩阵进行相应的调整。根据模糊一致矩阵的性质,对判断矩阵

进行一致性检验,具体步骤如下:

首先根据公式 $CI = \dfrac{\lambda_{max} - n}{n - 1}$,计算一致性指标 CI,其中 n 代表模糊判断矩阵的阶数。

然后查表获得平均随机一致性指标 RI。龚木森和许树柏(1986)计算了最高达 15 阶判断矩阵的平均随机一致性指标,具体见表 7-3。

表 7-3 1~6 阶平均随机一致指标

阶数	1	2	3	4	5	6
RI	0	0	0.52	0.89	1.12	1.26

最后根据公式 $CR = \dfrac{CI}{RI}$,计算一致性比例值 CR。当 CR 值小于 0.1 时,则可认为模糊判断矩阵是一致的,否则需对矩阵进行适当修改,然后重新进行一致性检验。

(4)计算各层次的权重。该步骤将依次计算目标层下准则层的相对权重和单一准则下各元素的相对权重。对于某一模糊矩阵 A,解特征根问题,即 $Ax = \lambda_{max}x$,所得到的特征向量 x 进行标准化处理后可作为元素的排序权重。

(5)层次总排序。在层次单排序的基础上,计算指标层各因素相对于目标层的相对重要性权重。权重值为各指标相对于所属准则层的权重与所属准则层相对于目标层的权重之积。

第二节 调查问卷设计

本研究进行模糊层次分析时涉及专家问卷调查,调查问卷设计主要可分为两部分:第一部分为模糊判断矩阵的调查问卷设计,第二部分为二级指标单因素风险评价的问卷调查设计。

　　首先根据多层次指标体系设计一级指标和二级指标的模糊判断矩阵的调查表,金融领域专家根据 1～9 标度法对不同风险进行相对重要性比较。相关调研问卷表格按指标体系具体设计如下。

表 7-4　一级指标判断矩阵调查 A(样表)　编号

一级指标	技术风险	信用风险	操作风险	政策法律及声誉风险	市场风险	流动性风险
技术风险						
信用风险						
操作风险						
政策法律及声誉风险						
市场风险						
流动性风险						

表 7-5　二级指标判断矩阵调查 A1(样表)　编号

技术风险	网络支付后门风险	网页钓鱼风险	互联网病毒风险	黑客攻击风险	技术故障风险
网络支付后门风险					
网页钓鱼风险					
互联网病毒风险					
黑客攻击风险					
技术故障风险					

表 7-6   二级指标判断矩阵调查 A2(样表)   编号

信用风险	欺诈风险	征信系统风险	信用违约风险
欺诈风险			
征信系统风险			
信用违约风险			

表 7-7   二级指标判断矩阵调查 A3(样表)   编号

政策法律及声誉风险	电子合同及电子签名风险	政策滞后风险	信息安全法律风险	触碰"高利贷"风险	声誉风险
电子合同及电子签名风险					
政策滞后风险					
信息安全法律风险					
触碰"高利贷"风险					
声誉风险					

表 7-8   二级指标判断矩阵调查 A4(样表)   编号

政策法律及声誉风险	电子合同及电子签名风险	政策滞后风险	信息安全法律风险	触碰"高利贷"风险	声誉风险
电子合同及电子签名风险					
政策滞后风险					
信息安全法律风险					
触碰"高利贷"风险					
声誉风险					

表 7 - 9　二级指标判断矩阵调查 A5(样表)　编号

市场风险	利率风险	汇率风险	证券市场风险
利率风险			
汇率风险			
证券市场风险			

表 7 - 10　二级指标判断矩阵调查 A6(样表)　编号

流动性风险	建立资金池风险	期限错配风险	资金平衡风险
建立资金池风险			
期限错配风险			
资金平衡风险			

通过表 7 - 4 至表 7 - 10 的 30 位专家的问卷调查,我们可得出每位专家对所有一级指标和其下辖的二级指标间相对重要性的评分。由于专家之间的观点存在差异性,问卷调查将存在横向差异。本研究将依从多数原则并基于笔者对互联网金融的深入认识,得出所需的判断矩阵数据。

除上述关于判断矩阵的调查表外,还需设计互联网金融风险单因素评价调查表以调查专家对相关风险的评价,从而得出专家关于每个一、二级指标的单因素评价得分。根据所建立的多层次指标体系进行设计,具体见下表 7 - 11。关于风险的评估,本研究对每一个二级指标进行三类评价设定,即"高""中""低"三个类别,其中,"高"对应着风险较大,需采取紧急应对措施以规避,"中"则意味着互联网金融相关风险相对适中,造成严重后果的可能性不高,而"低"则表示风险相对较小,相关互联网金融风险不会引起严重损失,或者说引起损失的概率较低。

表 7-11 单因素评价调查表（样表）　编号

一级指标	二级指标	评价结果		
		高	中	低
技术风险	网络支付后门风险			
	网页钓鱼风险			
	互联网病毒风险			
	黑客攻击风险			
	技术故障风险			
信用风险	欺诈风险			
	征信系统风险			
	借用违约风险			
操作风险	创新支付方式风险			
	消费者操作风险			
	银行系统操作风险			
	互联网金融企业操作风险			
政策法律及声誉风险	电子合同及电子签名风险			
	政策滞后风险			
	信息安全法律风险			
	触碰"高利贷"风险			
	声誉风险			
市场风险	利率风险			
	汇率风险			
	证券市场风险			
流动性风险	建立资金池风险			
	期限错配风险			
	资金平衡风险			

第三节　风险评价要素权重模型的确定

基于所设计的调查问卷,本研究主要采用 1～9 标度法,在综合考虑金融领域内 30 位专家的意见问卷调查表的基础上,依从多数原则构建了一级指标、二级指标的所有判断矩阵,如表 7－12 所示,该表为一级指标的判断矩阵。

表 7－12　一级指标判断矩阵 A

U	U1	U2	U3	U4	U5	U6
U1	1.00	0.50	2.00	5.00	4.00	3.00
U2	2.00	1.00	4.00	7.00	5.00	4.00
U3	0.50	0.25	1.00	3.00	2.00	1.00
U4	0.20	0.14	0.33	1.00	0.50	0.50
U5	0.33	0.20	0.50	2.00	1.00	0.50
U6	0.33	0.25	1.00	2.00	2.00	1.00

同理,根据问卷调查结果可构建出 6 个二级指标的判断矩阵 $A_i(i=1,\cdots,6)$

$$A_1 = \begin{Bmatrix} 1 & 3 & 2 & 3 & 7 \\ 1/3 & 1 & 1/3 & 1 & 4 \\ 1/2 & 3 & 1 & 2 & 5 \\ 1/3 & 1 & 1/3 & 1 & 3 \\ 1/7 & 1/4 & 1/5 & 1/3 & 1 \end{Bmatrix}, A_2 = \begin{Bmatrix} 1 & 3 & 1/3 \\ 1/3 & 1 & 1/7 \\ 3 & 7 & 1 \end{Bmatrix},$$

$$A_3 = \begin{Bmatrix} 1 & 2 & 7 & 5 \\ 1/2 & 1 & 5 & 3 \\ 1/7 & 1/5 & 1 & 1/2 \\ 1/5 & 1/3 & 2 & 1 \end{Bmatrix}$$

$$A_4 = \begin{Bmatrix} 1 & 1/3 & 3 & 5 & 7 \\ 3 & 1 & 5 & 7 & 9 \\ 1/3 & 1/5 & 1 & 3 & 5 \\ 1/5 & 1/7 & 1/3 & 1 & 3 \\ 1/7 & 1/9 & 1/5 & 1/3 & 1 \end{Bmatrix}, A_5 = \begin{Bmatrix} 1 & 5 & 3 \\ 1/5 & 1 & 1/2 \\ 1/3 & 2 & 1 \end{Bmatrix},$$

$$A_6 = \begin{Bmatrix} 1 & 3 & 5 \\ 1/3 & 1 & 3 \\ 1/5 & 1/3 & 1 \end{Bmatrix}$$

根据线性代数的相关计算方法,可得一级指标判断矩阵 A 的最大特征根为: $\lambda_{max} = 6.1180$,根据矩阵的阶数可进一步计算一致性指标,得出 $CI = 0.0236$。查表可知 $RI = 1.260$,从而算得 $CR = 0.0187 < 0.10$,则一级指标判断矩阵 A 通过一致性检验,说明判断矩阵 A 是有效的。对于所有二级指标判断矩阵,可以通过类似计算过程来进行,以检验模糊判断矩阵 $A_1 \sim A_6$ 的一致性。假设二级模糊判断矩阵 A_1 的 CR 值记为 $CR_1(i = 1,2,\cdots,6)$,则有一致性指标为:

$CR_1 = 0.0162, CR_2 = 0.0062, CR_3 = 0.0044, CR_4 = 0.0490,$ $CR_5 = 0.0005, CR_6 = 0.0318$。

可以看出所有二级一致性指标值均小于 0.1,即通过一致性检验,因此根据专家调查问卷得到的风险相对判断矩阵有效。

再根据相应的计算公式,可算得其最大特征值对应的特征向量为 $A = (0.250, 0.407, 0.120, 0.046, 0.072, 0.106)$,该向量每一元素均对应同一级指标的权重,换言之,准则层的一级风险指标对应的权重分别为 0.250、0.407、0.120、0.040、0.072 和0.106。可以显见,信用风险权重最高,其影响最为重要,互联网技术风险权重次之,权重达到四分之一,其他一级风险权重则明显较小。

通过类似上述一级指标权重计算的过程,同理亦可将单准则下各个元素排序的相对权重大小计算出来。通过线性代数的相关算法,矩阵 A_1 的最大特征根为5.073,进一步计算特征向量,可得各二级风险因素的权重为 $A_1 = (0.412, 0.134, 0.273, 0.134, 0.047)$,显然网络支付后门风险和互联网病毒风险最为重要,二者总权重占据 0.68 之多;同理可得,矩阵 A_2 的最大特征根为2.994,各二级风险因素权重,即特征向量为 $A_2 = (0.24, 0.087, 0.671)$,信用违约风险权重最大,欺诈风险次之;矩阵 A_3 的最大特征根为4.012,各二级风险因素权重为 $A_3(0.527, 0.301, 0.063, 0.110)$,创新支付方式风险赋予权重最大,消费者操作风险次之;矩阵 A_4 的最大特征根为 5.220,各二级风险因素权重为 $A_4 = (0.261, 0.514, 0.129, 0.063, 0.033)$,政策滞后风险权重占比过半,电子合同及电子签名风险居第二位;矩阵 A_5 的最大特征根为3.001,各二级风险因素权重为 $A_5 = (0.649, 0.122, 0.229)$,说明利率风险是互联网金融面临的市场风险中的主要风险;矩阵 A_6 的最大特征根为 3.033,各因素权重为 $A_6 = (0.638, 0.258, 0.105)$,赋予建立资金池风险最高权重,说明该风险在流动性风险中占据主导地位。

第四节 多级模糊评价结果及其讨论

一、多级模糊评价结果

基于我们设计的模糊判断矩阵、模糊判断矩阵的调查问卷表和单因素风险评分调查表,通过对金融领域内 30 位专家进行问卷调查,得到关于单风险因素的得分评价,整理后的调查结果见表 7-13。

表 7-13 中的评价结果反映的是专家对各互联网金融风险因素高、中、低评估的权重及比例。例如,网络支付后门风险的评价结果中,高的占比为 0.6,表示有六成专家认为该风险高。

表 7-13 单因素评价结果

一级指标(权重)	二级指标(权重)	评价结果		
		高	中	低
技术风险 (0.250)	网络支付后门风险(0.412)	0.6	0.3	0.1
	网页钓鱼风险(0.134)	0.3	0.45	0.25
	互联网病毒风险(0.273)	0.15	0.25	0.6
	黑客攻击风险(0.134)	0.1	0.35	0.55
	技术故障风险(0.047)	0.15	0.4	0.45
信用风险 (0.407)	欺诈风险(0.242)	0.55	0.3	0.15
	征信系统风险(0.087)	0.2	0.3	0.5
	信用违约风险(0.671)	0.65	0.25	0.1

续表

一级指标（权重）	二级指标（权重）	评价结果		
		高	中	低
操作风险 （0.120）	创新支付方式风险（0.527）	0.5	0.2	0.3
	消费者操作风险（0.301）	0.25	0.4	0.25
	银行系统操作风险（0.063）	0.2	0.15	0.65
	互联网金融企业操作风险（0.110）	0.4	0.3	0.3
政策法律及 声誉风险 （0.046）	电子合同及电子签名风险（0.261）	0.4	0.35	0.25
	政策滞后风险（0.514）	0.45	0.3	0.25
	信息安全法律风险（0.129）	0.35	0.45	0.2
	触碰"高利贷"风险（0.063）	0.25	0.35	0.4
	声誉风险（0.033）	0.05	0.15	0.8
市场风险 （0.072）	利率风险（0.649）	0.65	0.15	0.2
	汇率风险（0.122）	0.65	0.2	0.15
	证券市场风险（0.229）	0.45	0.4	0.15
流动性风险 （0.106）	建立资金池风险（0.638）	0.65	0.2	0.15
	期限错配风险（0.258）	0.5	0.3	0.2
	资金平衡风险（0.105）	0.3	0.2	0.5

　　由单因素评价结果表可得出二级指标的主因素模糊矩阵，R_i $(i=1,\cdots,6)$。根据模糊综合评判公式 $B_i = A_i * R_i (i=1,\cdots,6)$，可以计算求得 6 个一级指标的评价结果 $B_i(i=1,\cdots,6)$。由此可得一级指标主因素评价矩阵：

$$R = \begin{Bmatrix} 0.3488 & 0.3179 & 0.3333 \\ 0.5865 & 0.2665 & 0.1470 \\ 0.3951 & 0.2680 & 0.3069 \\ 0.3982 & 0.3306 & 0.2712 \\ 0.6042 & 0.2134 & 0.1824 \\ 0.5747 & 0.2258 & 0.1995 \end{Bmatrix}$$

上述 R 矩阵反映了六个一级指标的评价得分情况。互联网技术风险的评分高中低差距不大,略微超过三分之一的专家认为风险高,持中评观点的稍少于三分之一,而认为风险低的恰为三分之一,专家评分分歧明显。而对于信用风险,专家评分则较为集中,专家给予高风险评价得分58.65%,凸显信用风险的重要性,专家给予中评得分则为26.65%,低风险的评分只有14.7%。对于操作风险,39.51%占比认为风险高,给予低风险评价的得分次之,为30.69%,专家中评得分则为26.8%,得分差距不大。专家对于政策法律及声誉风险的高风险评价与操作风险的评价十分接近,但中低评得分排序则相反。最后对于市场风险和流动性风险的得分较为接近,高风险评分超57%,中风险次之,低风险评分最低。通过上述评分可以看出不同一级风险指标的评分异同,对于传统金融风险专家评分较高,而对于新兴金融风险则评分较为分散,分歧明显。通过了解六个一级指标的评分情况,有助于我们对互联网金融风险状况的评估。

基于一级指标主因素评价得分矩阵 R 和一级指标权重向量 A,根据计算公式 $B = A \times R$ 可得:

$B = (0.4956, 0.2743, 0.2265)$。

至此,完成了全部互联网金融风险评价程序。

二、关于多级模糊评价结果的讨论

模糊层次分析的最终结果 B 表明,最大数值 0.4956 对应着的"高"等级即为当前互联网金融风险的评价等级。内在的评价原理是最大隶属原则。通过相对权重数值可知,当前互联网金融的主要风险是信用风险,因而在应对风险时应重点关注信用方面相关内容,采取有针对性的措施。其次,互联网技术风险占比次之,这表明了互联网技术风险亦是互联网金融的重要风险之一,必须重视互联网技术相关内容,有针对性地采取措施。模糊层次分析得出的结论与互联网金融具有双重属性相匹配。

当前我国互联网金融的风险仍旧处于"高"的态势,在六个一级指标的相对权重计算中,互联网技术风险权重达 25% 之多,处于第二大位置,仅次于信用风险。只有做好互联网技术风险的防范,才能推动和引导互联网金融朝更好的方向发展。处于首位的是信用风险,该分析结果与现实相吻合,毕竟互联网金融是互联网 IT 技术与金融相结合的结果,而信用风险则是金融风险的核心,故而信用风险在互联网金融同样重要。除互联网技术风险和信用风险,权重相对较大的则是流动性风险和操作风险,这说明流动性问题和金融业务操作仍旧占有一席之地。最后,比重最低的是政策法律及声誉风险,相关法律法规的滞后是长期存在的问题,因为法律具有稳定性,不会随时变动,因此其影响反而并不明显,另外声誉的作用尚未凸显出来,存在低估的可能性。

对二级指标进行分析,在互联网技术风险中,网络支付后门风险最为重要。近年来,随着移动互联网的迅速发展,越来越多的交易活动发生在网络平台上,网络支付成为常态,而网络支付后门风险则对网络支付本身产生重大危害,侵害消费者、投资者的合法权益,对其赋予最大权重是客观与合理的。互联网病毒风险的权重排第二位,也客观反映出当前互联网风险的特征。随着互联网的普及与应用的范围越来越广泛,网络病毒也越来越猖獗,盗取消费者的账户信息等侵害财产权益事件时有发生。这也提醒投资者与消费者必须培养良好的上网习惯,才能有效避免感染病毒。然后是网络钓鱼风险和黑客攻击风险,这两类风险是近年诱发消费者财产损失的重要原因之一。

在信用风险中,信用违约风险较为明显,处于较高的风险水平,其次是欺诈风险。一方面互联网金融企业为了利益夸大自身的信用等级诱骗用户进行投资,另一方面互联网金融平台很难真正了解借款者的还款能力和还款意愿,极易造成违约风险。不法借款人可以通过伪造身份、提供虚假资产和收入证明,伪造自己的信用等级进而实施欺诈。

对于操作风险而言,主要是企业内部操作漏洞和消费者对创新支付方式的不熟悉所引发的。随着互联网终端的不断变化,人们的支付方式不断变化,当前主要流行的是智能手机支付,支付终端的不断进步很容易在外界情况发生变化时产生风险。消费者自身存在操作风险,消费者的主观认知难以及时跟进互联网的快速发展,因此在缺乏安全防护程序下容易遭受病毒入侵风险。最后是行业间关联的银行系统操作风险,也会对操作风险产生较大的影响。

政策法律与声誉风险中,政策滞后风险权重最高,居于重要位置,其次是电子合同电子签名风险,最后才是声誉风险。互联网金融作为新兴业态,创新速度快,发展速度快,政策往往滞后,而政策滞后使互联网金融机构个体的不确定性大大增加。如第三方支付的限额、P2P网贷借款数额的政策出台后,部分互联网金融机构将面临业务重大调整。

市场风险中,利率风险最为重要,利率变化往往与经济政策相联系,政策变化对互联网金融具有重要影响,其次是证券市场风险,最后是汇率风险,汇率风险影响小源于资本账户的限制。

流动性风险中,建立资金池风险最为重要,其次是期限错配风险,最后是资金平衡风险。资金流动不畅将通过网络发生多米诺骨牌效应,必须加以重视。

第八章　互联网金融风险
防范及处置

第一节　互联网金融风险防范

从理论上讲,互联网金融的风险防范有几个关键性举措,一是透明有用的制度体系,二是高效的动态监测和预警系统,三是持续有效的市场秩序维护。下面将从这三方面进行互联网金融风险防范分析。

一、透明有效的制度体系

近年来,我国互联网金融呈现出蓬勃发展的趋势,但是 P2P、第三方支付、众筹、互联网证券等各模式间由于起步时间不同,发展的进度也有所差异。虽然部分模式已经逐步具备了相对健全的法律法规,但是多数模式在这方面仍然处于真空或空白状态。其次,互联网金融现有的法律法规中,大多数并不是真正意义上国家层面的法律法规,而都是由相关部门制定的部门规章制度或是行政法规,因此,法律覆盖的范围非常有限。再次,互联网金融作为一种新的金融出现,无论从模式还是产品和服务都在不断创新中,既有的法律法规无法跟上互联网金融更新的步伐,存在严重的滞后性和时滞性,无法满足对于互联网金融风险管理及监管

的需要。由此可见,对互联网金融进行风险防范时,相关法律法规建设的制度创新刻不容缓,主要可以从下面几个角度开展:

(一)建立层次分明的法律法规系统,使风险管理过程实现有法可依。首先,在现有法律法规基础上,建立健全相关规章和实施细则等内容,对现有法律进行补充,弥补现有监管对于互联网金融这一新金融模式的法律漏洞。其次,对互联网金融机构的相关情况进行规范,如经营资格、经营模式、防范风险等,法律法规要着重强调数据的保密、使用和开放等细则。再次,根据目前已有法律法规,进行时效性的修订,对一些相对陈旧和过时的法律法规及时进行调整。充分结合以上步骤,建立起全方位、多层次的互联网金融法律法规体系,促进行业健康持续发展。

(二)建立合理有效的监管体系,使风险管理过程更加灵活。互联网金融的迅速发展使得行业风险频发,目前还没有针对互联网金融而建立的监管部门和监管体系。因此,互联网金融风险的存在对目前的监管模式提出了极大的挑战,监管体系的不完善和不健全,将会对行业的有序发展和可持续性发展造成极大的阻碍,甚至会引发金融风险导致金融危机。但是对于互联网金融监管的度需要进行合理的把控,过度的监管则会抑制行业创新的发展,而忽略监管,会使得风险频发,对经济发展造成影响。要妥善处理好金融监管和金融创新之间的关系。互联网金融发展至今,始终存在参与主体众多、模式错综复杂、业务跨领域经营的特征。目前我国分业监管、机构监管的单一监管模式已经无法满足监管要求。所以要从以下几方面着手:第一,梳理互联网金融各模式的运作实质及运作流程,明确各模式的监管边界,使监管标准相统一,实施穿透式监管,避免发生监管套利行为;第二,参照国际先进监管经验,对互联网金融从产品研发、销售再到售后风控等各个阶段进行事前、事中以及事后的全周期监管,避免在互联网金融业务生命周期的某一阶段出现对投资者或消费者的不利影响;第三,互联网金融的跨领域经营日趋明显,目前对互联网金融的监管部门众多,主要涉及人民银行、银监会、证监会、保监会、发改委、工信部等多个部委,应当加强各部门的协作、沟通及统一,并注重中央与地方监管职责的协调与完善,使互联网金融具备统一、专业化的跨界监管。

(三)加强对市场参与主体的权益保护。目前存在较多不健全的保护制度,使得众多投资者和消费者的权益得不到有效保障。所以,为了使他们的权益得到保障,应该出台相应的保护办法,对互联网金融所涉及的信息披露程度、范围和消费者个人信息保护进行明确规定。并在这些方面加强教育及宣传工作,建立相关的投诉受理渠道,对出现的金融纠纷进行适时调解,构建较为完善的消费者及投资者权益保护体系。

(四)加快建设行业的准入和退出机制。首先应建立健全行业准入制度。可以根据不同模式所具有的特性和运营方式,参考审批式或备案式的准入机制,对相应的准入条件进行细化,如初始注册资本、流动资本金、从业人员资格和风险管控能力等。其次,市场退出机制也应当完善,在该机制的建立过程中,应加强对投资者及消费者的权益的保护,尽量将退出机制所造成的市场冲击降至最低。

(五)完善互联网金融行业信息披露制度,使信息更具透明度。当前,相关互联网金融机构在信息披露方面做得并不到位,包括银行、证券、保险等传统金融机构,信息披露方面也有待完善和加强。信息披露不到位使消费者和投资者对信息把握不够准确,从而不能做出准确合理的决策,有可能因为信息不对称造成误判而对经济造成损失。因此，在这个方面应该加强监管，对于互联网金融机构的资金运作状况、会议纪要和机构重大决策等内容做出细致的披露，使公开信息更加透明可靠。

二、高效的动态监测和预警系统

（一）互联网金融风险动态监测平台

互联网金融机构需要进行多方监测，比如内部系统、数据库、主机和中间件，还有系统中存在的子系统、维护人员的行为等，以及额外承担起安全告警日志的收集、整合和分析，之后将这些信息输入相应的风险管理模型中，形成最终的风险预警。动态监测应该具备对存在的系统安全威胁的可预测性、可探知性和可控制性，与此同时，还要对内部存在的安全威胁有充分的准备，更要对机构的核心业务和外联业务进行实时检测和动态检测。通过对运行状况的实时检测，能对那些系统告警和错误的日志进行直接的获取，并将系统的停机时间及时地传递到相关的风险管理机构；风险管理部门一旦收到这些数据，就可以将相关的错误情况及时地以短信或邮件的方式传递给相关人员，以便集中力量对这些错误进行分析和辨别，然后交给相关部门做出处理。

动态监测平台的建设具有重要的意义：一方面能实现互联网金融风险的及时管理，另一方面还能对风险点和重要指标进行收集，并对可能出现的风险进行量化评估。首先是风险点的统计，动态检测平台根据收集到的数据，在多个维度内对发生的频率进行科学的统计分析，使故障点的分布情况得到全面的掌握，再进行有针对性的提示；其次是部分重要指标的自动获得，比如系统可用率指标的获得，需要运用信息技术获得系统可用率以取代以前的人工填报的获得方式，提升可信度，且系统得到的可用率较为全面,还能绘出累进图,对于现状的了解和趋势的判断都可以一目了然;再次,对于存在风险的量化评估,平台可以根据已经发生过的风险和隐藏的风险的频率,再根据相关的指数模型,对系统的健康指数进行核算,该指数的重要功效就是可以对系统的稳健度做出合理的判断。

(二)互联网金融风险预警系统

互联网金融风险预警体系是一个全面且宏观的体系,主要针对相关的风险进行监测、预测和预警,可以覆盖到互联网金融的全部活动的整个过程。对于全部活动中的所有参与者都要进行充分的考虑,例如金融服务和产品的供给者,相关的机构、用户及政府等监管部门,以及各种交易行为的监测,甚至包括民众的舆论走向等。同时,对于国家宏观经济发展情况、各项数据指标和行业发展情况等都不容忽视。

传统金融的风险预警系统或对其重新开发的系统并不能照抄照搬到互联网金融风险预警系统。对于互联网金融风险预警系统的建设,应该是在传统金融风险系统的基础上,充分了解互联网金融的特征。以大数据为核心而建立起的预警系统,其本质是实现传统金融业向互联网金融的转变。在实际的操作过程中,互联网金融机构要实现系统的评估,保证在正常运营过程中,使以数据为核心的金融风险体系得以稳步的构建。与此同时,还要利用先进的管理水平和方法,再结合互联网的先进技术,使风险管理过程实现不断的实践和连续的创新,从而建立起符合自身需要的风险预警系统。

在预警系统的实际使用过程中,应该始终以数据作为系统的核心,并制订出明确的实施计划,包含具体的实施进度、参与人员和要达到的最终目标、突发事件的应急处理等。同时还要注重相关规范和流程的建立,使参与者的职责和权限得以明确;制定出风险的应对措施,保证及时识别风险并做出有效防范及处置。

三、持续有效的市场秩序维护

(一)行业自律视角下的互联网金融风险防范

在对互联网金融进行监管的同时,不可忽略的是行业自律。在英国、日本等发达国家的行业自律中,已经拥有了很多成功的案例,值得我国学习和借鉴。随着行业的不断发展壮大,行业内的从业人员数量也在不断递增,如果法律法规长期不能得到健全和完善,那么可以通过推动行业自律组织的建立和设置,并在同行间加大相互监督的力度,促使行业发展更加健康有序。政府应该积极鼓励并支持行业自律组织的建设,并由此逐渐建立行业自律的规范。2014 年 3 月,我国成立了第一个针对互联网金融进行自律的行业协会——互联网金融专业委员会,委员会的成立不仅对风险有一定的防范作用,还可以加快相关行业规范的形成,为更高级别的行业自律协会或机构的成立奠定了良好基础,起到了推动作用。因此,互联网金融机构应该充分利用这些组织带来的平台及发挥的作用,实现监管的有力补充以及行业内部规范的科学合理制定,从而降低风险规模扩大及传导的可能。

(二)互联网金融机构之间应当共同探讨行业发展规则以及风险管理措施,由此形成相应的行业准则。在业务不断发展和创新的过程中,能实现机构间的积极交流,共同商讨出有益于自身和行业发展的意见和办法,使行业在良好的内外部环境中实现蓬勃发展。

(三)互联网金融机构应当加强相互之间的监督,促进自律性的提高。随着行业内相关自律组织的逐渐建立和发展,行业准则和规范也在逐步得以建立,因此,可以引入合理的监督管理机制,并将该行业内的违规行为纳入征信系统,实现备案制度。如果部分机构长期违反规范或者准则,那么可以借助媒体对其进行曝光,降低该机构的信用水平,从而规范机构业务发展并提高行业内部自律性。

(四)征信体系建设下的互联网金融风险防范

当前,我国央行设立的征信体系主要是针对传统金融机构,整个征信体系还存在诸多不完善的地方,而对于互联网金融这一新兴金融模式,只有建立相对完善科学的征信体系,才能促进行业良好、健康、持续的发展。同发达国家相比,我国的征信体系还有很长一段路要走,一方面,不规范的征信服务、相对滞后的征信立法、相对缺失的监管环境以及相当有限的征信机构的产品和服务,是我国征信系统的现实状态;另一方面,个人信用数据不够集中,那些拥有数据的机构在信息共享上的意识还不够,因此很难全面、准确地实现个人数据的收集。所以,为了使互联网金融行业稳健发展,并有效规避行业内的信用风险,对于征信体系的建设刻不容缓。

1.在征信管理方面,尽快实现征信体系中信息的一体化管理。就目前的情况而言,征信机构普遍不够集中,信用信息也比较分散,而且相关的征信机构存在规模小、信息累积程度低等问题,阻碍了新业务模式在现有征信体系下的发展。所以,如果能将大量分散的信息进行集中统一,尽快和央行实现征信体系的对接,建立起信息共享的模式,即可使互联网金融机构获取的征信信息更为全面、完整、客观。

2.在征信体系方面,尽快完善制度建设。由于受到法律法规和市场制度的约束,征信业的发展呈现出较为缓慢的态势;目前伴随《征信业管理条例》的发布,预示着征信业进入了全新的时代,未来将着力于建立分工明确及相互合作的组织体系,并确立政府为主、市场为辅的征信业发展模式。

3.在征信机构的建立方面,尽快实现专业化。互联网金融无论从产品、服务到模式都处在不断创新的过程中,这就对企业和个人的信用提出更高要求。因此可以建立针对不同市场、模式和业务的征信机构,将其业务运作机制进行规范和完善。另外,目前的信用信息仍然存在不客观和不完善的问题,给客户带来经济损失,因此,在建立和使用征信体系的过程中,信息的完整性和客观性是征信机构实现专业化建设所必须确保的。

第二节　互联网金融风险处置

一、风险处置原则

(一)依法处置的原则

关于互联网金融风险处置的问题,需要建立在国家法律法规和行政规章的基础上,遵照依法处理的原则。风险处理的手段和方式多种多样,最常见的有规避、减少、转移和接受,这些处置手段和方式都涉及具体的法律和行政规章的有关规定。

(二)分类处置的原则

不同程度的风险以及不同性质的风险对于互联网金融机构而言,所选用的处置方法也应当有所区别,即遵照分类处置的原则。根据前文所述,在不同的风险类别下,不同的风险预警状态有不同的风险处置方案及措施。例如,当出现流动性风险时,对于那些只能通过抵债进行的机构,所选用的风险处置方式应该是协助式的;对于那些严重资不抵债,已经陷进了严重的支付危机的,如果救助的可能性很小,股东也没有救助的意识,那么就不应该进行救助,应该选用收购或者兼并的方式,或者采取强制措施使其退出市场,如关闭、撤销和宣告破产等。互联网金融中不同的风险类型,处置方式也应该有差别。例如,根据互联网金融运营模式的不同,P2P 机构和众筹机构的风险处置方式也应当不同。

（三）内外结合进行风险处置的原则

对于处于风险状态的互联网金融机构进行风险处置的过程中,不论是采取市场主导还是行政主导实施救助,互联网金融机构所拥有的内外部的作用力都是不容忽视的,将内外力进行结合与配合,对于风险的处置才会更加妥善。在开展市场主导的救助过程中,机构所开展的自我救助和同业给予的协助能形成合力,可以重新恢复机构信誉;在行政主导的救助中,互联网金融机构的董事会和政府部门的有效配合下,可以有效规避接管组织和董事会间的权益纠纷,对于债务的妥善处理和恢复经营及为新处理方式的实施创造有利的条件,促使政府部门正常开展接管工作,并且取得预期的效果;在进行关闭和破产的处理过程中,机构内的董事会、管理层、职工等作为当事人,应恪尽职守并积极依法完成各项手续,遵守岗位要求,并协助清算组顺利完成市场推出的工作,使清算机构或有关部门对于风险的处置工作有条不紊地展开。

（四）维护金融稳定和社会安定的原则

在互联网金融风险处置中,特别是强制性地市场退出时,是一项工作量极大、敏感度极高且涉及面广、政策性强的艰巨任务,所涉及的利益方面非常广泛,包括债权人、债务人、股东以及员工。尤其是互联网金融所涉范围更大,过程中传导速度更快,事关金融稳定和社会安定。因此,对互联网金融机构的风险处置在保证依法处理的基础上,应该注重对多方利益的维护,使债权人、投资人以及消费者的权益得以保障,尽可能实现资产的清收,将清偿比例提高到合理位置,将处置成本降低。对于那些犯罪行为应该进行坚决的打击和必要的披露,防止处置不当的行为发生,避免冲击同业机构。另一方面,要做好相关保密工作,防止大数据、互联网相关信息进一步泄露,降低风险处置过程中对金融稳定和社会安定带来的不利影响。

（五）风险责任追究原则

互联网金融监管部门的监管不到位或监管人员出现失职、渎职的行为以及互联网金融机构部分机构负责人违法违规的经营行为,成为互联网金融风险频发的一个重要原因。因此,对出现风险的互联网金融机构的相关监管人员及机构负责人依法追究刑事和行政责任,是风险处置的一个重要原则,有利于风险处置顺利完成并能够发挥警示的作用。

二、风险处置方法

传统金融风险处置方法主要包括接管、托管、收购与合并、解散、撤销及破产等。

（一）接管

作为一种行政手段,接管主要是指政府等相关部门对经营问题严重的互联网金融机构在正常的经营活动和债权债务上加以管制和干预,防止互联网金融机构的经营状况和资产质量发生恶化,使金融秩序得以维持,包括投资者、消费者以及存款人的权益等,互联网金融机构的债权债务关系并不会因为接管而发生变更。接管可能会带来两种结果:第一,在接管期间,金融机构恢复了正常经营,相关政府部门停止接管。第二,接管期间,机构没有实现经营恢复,甚者被查出违法行为而导致经营资格被撤销,或者因为债权人的申请导致了机构破产。在目前存在的金融法规中,对于"接管"的问题,仅《商业银行法》《保险法》有所涉及,《人民银行法》《证券法》《信托法》中都没有提及"接管"的处置方式。

（二）托管

作为行政干预的另一风险处置手段,托管主要指已经依法停止经营业务的互联网金融机构,由监管当局代为委托经营和管理的行为,是监管当局实施的一项行政权力。这种方法普遍用于已经实施停业整顿后出现问题的互联网金融机构,监管当局在行使这一权力时,不仅涉及已经实施停业的互联网金融机构,而且涉及具有经营权利的第三方,如能够接受委托经营的金融机构。然而目前我国还没有对托管的期限、程序以及后果进行规范,在托管过程的始终都带有行政干预痕迹。风险托管的处置方式虽然对于金融秩序的稳定有一定效用,但是不利于市场功能的有效发挥。因此,在对相关制度进行健全的时候,要么在托管前将相关的权利和义务进行明确,要么可以直接取消该制度,将一切交由市场规律来决定,采取兼并或者收购的方式。

（三）并购

作为市场化风险处置的重要方式之一,并购主要包括兼并和收购两种方式。兼并常用的类型有两种:一是救济兼并,又称为吸收兼并,是指将危机中的互联网金融机构和财务健全的互联网金融机构进行合并,发生危机的机构一方的全部债权债务都转交给合并方来承接;二是新设兼并,是指新成立一家互联网金融机构来对发生危机的互联网金融机构进行合并,或者将一些同样存在危机的机构进行全部组合,成立一个全新的机构来使营业得以继续进行,并将这些前机构的债权债务全盘接收。收购是一种市场化的风险处置行为,指危机机构的全部或者大部分股权被财务健全机构购买。同时危机机构的所有债权债务也一并交给收购方,被收购的机构自此不再存在。并购这种方式可以较快地获得公众的信心,并能为处理不良债权提供缓冲时间,能将损失降到最低,有助于不良金融结构的调整,但在某种程度上有可能会影响监管的权威性和连续性。一旦并购最终以失败告终,将会带来巨大的风险,给金融监管造成更大的挑战和阻碍。

(四)退出

对于陷入危机且不能通过重整措施进行风险处置的互联网金融机构,只能采取解散、撤销或破产的方式进行处置,以将风险损失降到最低。解散是指那些已经成立的互联网金融机构,因章程或者法律上的原因,失去了经营能力,经过批准注销登记流程后,该组织不再存在的法律行为。导致机构发生解散的原因主要有以下几个方面:第一,公司内部章程所设定的经营期限已满或者因其他事由而导致解散;第二,股东会决议解散;第三,由公司的合并或分立带来的解散。撤销,又称关闭,指那些经过监管当局审核通过且具有法人资格的机构,被监管当局采取强制措施进行经营许可证的吊销、授权的取消和经营活动的终止,并对债务债权进行全盘结算,最终将主体资格取消的措施。破产是指在法律的基础上对债务进行清偿,将剩余的资产进行拍卖,以此来偿还所欠债务。处于危机的互联网金融机构出现严重的资不抵债情况时,即对债务完全失去了偿还能力,在这样的情况下,宣告破产是一种最终的解决办法。

三、基于讨价还价博弈模型的互联网金融风险处置分析

本章将主要探讨在互联网金融出现风险时,风险处置中转移风险的方法,即在非对称条件下,风险接受方与被接受方如何利用博弈论中讨价还价的博弈模型。假设互联网金融机构将风险分散给接受方(政府部门或其他同业),双方共同承担风险(比例之和为100%),一般情况下,风险接受方先出价,提出风险比例大小,被接受方可以同意也可以拒绝。在第一轮谈判中,如果互联网金融机构对谈判价格没有异议,则表明谈判达成。如果谈判出价被拒绝,那么在第二次的谈判中,互联网金融机构就会向对方开价,如果对方接受了互联网金融机构的谈判出价,那么就代表谈判达成。如果风险接受方不接受这个出价,在第三次谈判中,风险接受方再次向互联网金融机构出价,这样循环往复,直至一方接受另外一方的要价时就代表谈判完成。这种讨价还价的模式的出发角度是博弈,表明双方在面对一个问题时发生了博弈,双方在充分权衡自身利益和其他影响的基础上达成了协议,得到了相对均衡的结果。在风险转移的谈判博弈中,信息对双方都有重要意义。如果谈判的一方在信息上获得优势,其必将在双方的谈判中获取胜利。所以双方的谈判过程是可以根据谈判双方掌握另外一方信息情况而分为信息不对称博弈和信息完全对称博弈。在信息完全对称的博弈当中,各博弈方对对方的任何信息都了如指掌。但是信息非对称博弈,是指博弈的一方对另外一方的博弈策略、特征等信息了解并不全面或者了解的信息并不精准。

本节将研究这两种情况下,互联网金融风险处置问题,构建风险处置的讨价还价模型,使转移风险的双方合作达到最优,促使风险处置顺利完成。

(一)完全信息假设下互联网金融风险处置的讨价还价博弈模型分析

1. 理论假设

该模型试图说明互联网金融机构与风险接受方处于信息完全对等的情况下,整个谈判博弈将达到一个均衡的状态。笔者所建立的模型做出以下假设:假设条件一,互联网金融机构与风险接受方均为风险中性的理性经济人,双方都希望谈判能够成功;假设条件二,各项的风险都被设置成独立的,并且初始值都为1;假设条件三,针对任何风险(参与谈判的双方所承担的比例之和一定为1),风险接受方承担的风险比例为$x(0 \leqslant xi \leqslant 1)(1-xi)$为互联网金融机构的风险比例,双方在$i$时期对风险比例$x$进行讨价还价;假设条件四,由于风险接受方先出价,因此其相对于互联网金融机构更有优势。

2. 参数设定

(1)谈判成本系数

在双方谈判博弈的过程中,参与谈判的双方都需要耗费时间成本和为获取更多有利于自己的信息而支付的成本以及因谈判而失去其他收益的机会成本等,这一过程中双方都会消耗的谈判成本用系数$a>1$表示。因此,在谈判中,每多一次谈判,就会增加一次谈判成本,造成的风险损失也就越大。在互联网金融风险处置过程中,由于风险接受方与互联网金融机构的地位不对等(风险接受方更具有优势),风险接受方支出的谈判成本要小于互联网金融机构$(1<x)$,每增加一次谈判,互联网金融机构的风险

损失都会增加。

（2）地位的非对等性

在讨价还价的博弈过程中，由于风险接受方是风险新的承担方且在谈判过程中先出价，因此其地位处于强势地位，而互联网金融机构由于是风险的被接受方且在谈判中后出价，处于谈判的劣势地位，这种谈判地位的不均等，导致典型的地位非对称。处于强势地位的一方会在谈判中迫使对方接受额外的风险转移，进而减少自己对风险的承担比例。这一额外的比例用 y 表示，由于转移风险的比例小于自身承担的风险比例，因此 $0 < xi < 1$。

3. 模型建立

根据上述假设条件，完全信息下互联网金融风险处置的讨价还价博弈模型如下。第一次谈判：风险接受方提出自己承担的风险比例为 x_1，而互联网金融机构在整个方案中所承担的风险比例为 y_1。此外，由于风险接受方先出价处于优势地位，会将额外的风险 y_1 强迫互联网金融机构承担，风险接受方承担的比例减少 y_1，互联网金融机构承担的风险增加 y_1。风险接受方（M_1）与互联网金融机构（N_1）承担风险如下：

$$M_1 = x_1 - y_1$$
$$N_1 = 1 - x_1 + y_1$$

其中，M_1 为风险接受方在第一次谈判中分配的风险，N_1 为互联网金融机构在第一次谈判中分配的风险。如果互联网金融机构拒绝本次风险接受方提出的分配比例，则博弈进入第二次谈判。第二次谈判：互联网金融机构提出的方案中分配给风险接受方所承担的风险比例系数为 x_2，而自身对风险的承受比例为 $1 - x_2$。但是长时间的谈判导致双方的损失都在增加，双方所面临的风险也在不断地增加，双方所要承担的风险也在不断增大。此外,与第一次谈判一样,风险接受方利用优势地位将额外的风险 λ_2 强迫互联网金融机构承担,此时,双方承担的风险如下:

$$M_2 = \lambda_1(x_2 - y_2)$$

$$N_2 = \lambda_2(1 - x_2 + y_2)$$

其中,M_2 为风险接受方在第二次谈判中分配的风险,N_2 为互联网金融机构在第二次谈判中分配的风险。如果风险接受方不同意这次谈判的风险分配,那么双方的谈判即进入第三次。第三次谈判:风险接受方提出自己承担的风险比例为 x_3,且发挥自身谈判优势,则双方承担风险如下:

$$M_3 = \lambda_1^2(x_3 - y_3)$$

$$N_3 = \lambda_2^2(1 - x_3 + y_3)$$

博弈反复循环,直至谈判双方中的一方愿意接受另外一方的提案时结束。

4.模型求解

经过上述详细的阐述,所设立的模型是一种无限次数的讨价还价的博弈模型。这一模型与有限次博弈模型不同,存在一个可以进行逆向推理的最后一次谈判。所以,按照通常的思路,本模型是无法采用递归的方式进行求解的。但是国内著名的博弈专家谢识予在其论著中阐述了解决这种模型的办法,这种解决思路是由夏克德和萨顿提出的。这种思路下对一个无限次谈判的博弈来讲,将求解的逆向推基点设置在第一次和第三次都是一样的,采用这种方式对所建立的无限次讨价还模型求解。

因为是信息完全对称的博弈,风险接受方与互联网金融机构都完全清楚对方的谈判策略以及所能够承担风险的最大限度,因此,初步选择第三次有限的博弈过程作为逆向推算的起点。在第三次博弈谈判中,风险方能够承担的风险比例为 $M_3 = \lambda_1^2(x_3 - $

y_3），而互联网金融机构承担的风险为 $N_3 = \lambda_2^2(1 - x_3 + y_3)$。再逆向推理到第二次谈判，如果在第二次谈判中，互联网金融机构提出的方案使风险接受方所承担的风险比例 M_2 大于第三次的博弈结果 M_3，那么毋庸置疑，风险接受方一定会拒绝这次的谈判结果，并将整个博弈谈判的进程拖入第三次谈判。因此，在信息完全对等的谈判博弈中，互联网金融机构一定心中清楚风险接受方对自己所提方案的反应。从节约双方成本的角度来考虑问题，双方的博弈谈判尽量不要进入第三次。那么，互联网金融机构就要使自己提出的设计方案中风险接受方所承担的风险 M_2 不大于双方进入第三次谈判所得到的结果 M_3，并且保证在该方案中自己所承担的风险比例最小化。那么在这种情况下，互联网金融机构所采用的最佳策略是：

$$M_2 = M_3$$

$$\lambda_1(x_2 - y_2) = \lambda_1^2(x_3 - y_3)$$

$$x_2 = y_2 + \lambda_1(x_3 - y_3)$$

此时，互联网金融机构承担的风险 N_2 为：

$$N_2 = \lambda_2(1 - x_2 + y_2) = \lambda_2(1 - \lambda_1 x_3 + \lambda_1 y_3)$$

将 N_2 与 N_3 相比，如下：$N_2 - N_3 = \lambda_2[(1 - \lambda_2) - (\lambda_1 - \lambda_2)(x_3 - y_3)]$。

由于 $\lambda_2 \geqslant 1, \lambda_2 \geqslant \lambda_1, 1 \geqslant x_3 \geqslant y_3 \geqslant 0$，因此，$M_2 \leqslant M_3$，即风险承担的双方都不会将谈判拖入第三次当中。继续逆推至第一次谈判。风险接受方知道博弈会进入到第二次，互联网金融机构针对风险比例的分配将被设定为 x_2，则风险接受方将承担的风险为 $x_2 - y_2$，而互联网金融机构承担的风险为 $1 - x_1 + y_1$。同样，在这次谈判中，如果风险接受方提出的双方风险承担期望大于第二次的，那么互联网金融机构一定会拒绝这次的谈判结果，则整个谈判将进入第二次。因此,从节省成本的角度考虑,避免双方进入下一次谈判而造成不必要的损失,风险接受方应当提出能够让互联网金融机构接受的方案,并且保证自己所承担的风险最小化。在这种情况下,接受方的最佳选择是:

$N_1 = N_2$

则有 $1 - x_1 + y_1 = \lambda_2(1 - \lambda_1 x_3 + \lambda_1 y_3)$

即 $x_1 = 1 + y_1 - \lambda_2 + \lambda_2\lambda_1 x_3 - \lambda_2\lambda_1 y_3$

又因为对于一个无限循环的谈判,当谈判进入第三次后一次开始,在经过谈判后承担风险的最小份额都完全一样,则:

$x_1 = x_3 = 1 + y_1 - \lambda_2 + \lambda_2\lambda_1 x_3 - \lambda_2\lambda_1 y_3$

整理得:

$x_3 = (\lambda_2 - 1 + \lambda_2\lambda_1 y_3 - y_1)/(\lambda_2\lambda_1 - 1)$

$1 - x_3 = (\lambda_2\lambda_1 - \lambda_2 - \lambda_2\lambda_1 y_3 + y_1)/(\lambda_2\lambda_1 - 1)$

不妨设 y_1,为常数 y,那么在无限制的博弈过程中,参与博弈双方的承担风险的比例均衡解为:

$X = (\lambda_2 - 1)/(\lambda_2\lambda_1 - 1) + y$

$1 - X = (\lambda_2\lambda_1 - \lambda_2)/(\lambda_2\lambda_1 - 1) - y$

以上均衡解中,X 是风险接受方承担的风险比例,这个参数表示风险接受方在不利用谈判中强势地位优势的情况下,向互联网方转移风险所需承担的风险比例。而现实情况是,风险接受方会利用其强势地位向互联网金融机构转移风险。$(\lambda_2\lambda_1 - \lambda_1)$ $(\lambda_2\lambda_1 - 1)$ 为风险接受方实际承担的风险比例,表示风险接受方利用其强势地位向互联网金融机构转移风险。风险接受方向互联网金融机构转移的风险比例为 y,此参数值越大,表明风险接受方在谈判中的地位越强势,向互联网金融机构转移的风险比例就越大。

(二)信息不对称假设下互联网金融风险处置的讨价还价博弈模型分析

1. 理论假设

该模型试图说明互联网金融机构与风险接受方在信息不对称条件下,讨价还价博弈达到的均衡状态。模型拟定如下假设条件:假设条件一,互联网金融机构与风险接受方均为风险中性的理性的谈判者,都希望谈判成功;假设条件二,各项的风险都被设置成独立的,并且初始值都为1;假设条件三,针对任何风险(参与谈判的双方所承担的比例之和一定为1),风险接受方承担的风险比例为 x_i($0 \leq x_i \leq 1$),($1 - x_i$)为互联网金融机构的风险比例,双方在 i 时期对风险比例 x_i 进行讨价还价;假设条件四,参与双方的信息是不完全的,且对彼此的特征并不是很了解,即风险接受方与互联网金融机构在谈判中不知道对方的强弱地位。

2. 参数设定

针对信息不对称的情况,在1967年以前,博弈专家们认为这种模型无法分析。但是著名的博弈专家海萨尼在1976年提出了一套著名的理论来解决这一问题。这一理论指出,任何一个信息不对称的模型都可以通过一定的手段将其转化成一个信息对称的但是并不完美的模型。但是这种理论需要引入参数 P。这个参数 P 取决于参与博弈的个体,参与的个体知道自己的特征,但是其他参与的人并不知道,这就是著名的海萨尼转换。

3. 风险接受方强势地位策略的概率

在信息不完整的博弈当中,虽然双方并不清楚进行博弈的支付,但多少有些了解,并且通过常用的主观概率分布可以进行信息的表示。这种方式就是通过概率对博弈的双方进行分组,构建多样的博弈支付,并形成一个特定支付集合。譬如,在信息不对称的博弈中,风险控制方并不知道自己处于谈判的强势地位,但是为了尽快达成协议,风险接受方就会采取强势的态度,以概率 q_1 让互联网金融机构承担更大的风险。并且不采取强势地位策略,通过概率 q_2 强迫互联网金融机构承担更多风险,且 $q_1 + q_2 = 1$。

3.模型建立

在信息不对称的条件下,与信息完全对称不一样,风险接受方并不清楚互联网金融机构处于不利的地位,并且互联网金融机构也不清楚风险接受方所采用的策略。互联网金融机构只能根据自己的判断预测对方所采取的策略。这种情况下双方的博弈模型就需要通过海萨尼转换理论转换,通过引入自然 P 变量对模型进行分析。所以,在以后博弈的过程都需要分两种情况进行讨论。具体模型如下:第一次谈判,风险接受方以概率 q_1 采取强势地位策略强迫互联网金融机构的情形下,设计方案提出互联网金融机构承担的风险为 $1 - x_1$,那么自己承担的比例就是 x_1。此外,风险接受方利用强势地位会将额外的风险 y_1 强迫互联网金融机构承担。风险接受方 M_1 与互联网金融机构 N_1,承担风险如下:

$$M'_1 = q_1(x_1 - y_1)$$
$$N'_1 = q_1(1 - x_1 + y_1)$$

当风险接受方以概率 q_2 而不采取强势地位策略强迫互联网金融机构时,风险接受方 M_1 和互联网金融机构 N_1 承担的风险为:

$$M''_1 = q_2 x_1$$
$$N''_1 = q_2(1 - x_1)$$

因此,在第一次谈判中,风险接受方 M_1 与互联网金融机构 N_1 的风险分配期望为:

$$M_1 = M'_1 + M''_1 = q_1(x_1 - y_1) + q_2 x_1$$
$$N_1 = N'_1 + N''_1 = q_1(1 - x_1 + y_1) + q_2(1 - x_1)$$

如果互联网金融机构拒绝本次风险接受方提出的分配比例，则博弈进入第二次谈判。第二次谈判：在风险接受方以概率 q_1 采取强势地位策略强迫互联网金融机构的情形下，互联网金融机构提出分配给风险接受方所承担的风险比例为 x_2，而自身所承担的风险比例为 $1 - x_2$。但是长时间的谈判导致双方的损失都在增加，双方所面临的风险也在不断增加。

此外，与第一次谈判一样，风险接受方利用优势地位将额外的风险 y 强迫互联网金融机构承担，此时，双方承担的风险如下：

$$M'_2 = q_1 \lambda_1 (x_2 - y_2)$$
$$N'_2 = q_2 \lambda_2 (1 - x_2 + y_2)$$

当风险接受方以概率 q_2 而不采取强势地位策略强迫互联网金融机构时，风险接受方 M_2 和互联网金融机构 N_2 承担的风险为：

$$M''_2 = q_2 \lambda_1 x_2$$
$$N''_2 = q_2 \lambda_2 (1 - x_2)$$

因此，在第二次谈判中，风险接受方 M_2 与互联网金融机构 N_2 的风险分配期望为：

$$M_2 = M'_2 + M''_2 = q_1 \lambda_1 (x_2 - y_2) + q_2 \lambda_1 x_2$$
$$N_2 = N'_2 + N''_2 = q_1 \lambda_2 (1 - x_2 + y_2) + q_2 \lambda_2 (1 - x_2)$$

如果风险方不接受这次风险承担的比例，双方的博弈需要进入下一轮。第三次谈判：风险接受方提出自己承担的风险比例为 x_3，同样，风险接受方以概率 q_1 采取强势地位策略强迫互联网金融机构且发挥自身谈判优势，风险接受方 M_3，与互联网金融机构 N_3 承担风险如下：

$$M'_3 = q_1\lambda_1^2(x_3 - y_3)$$

$$N'_3 = q_1\lambda_2^2(1 - x_3 + y_3)$$

当风险接受方以概率 q_2 而不采取强势地位策略强迫互联网金融机构时,风险接受方 M_3 和互联网金融机构 N_3 承担的风险为:

$$M''_3 = q_2\lambda_1^2 x_3$$

$$N''_3 = q_2\lambda_2^2(1 - x_3)$$

因此,在第三次谈判中,风险接受方 M_3 和互联网金融机构 N_3 承担的风险为:

$$M_3 = M'_3 + M''_3 = q_1\lambda_1^2(x_3 - y_3) + q_2\lambda_1^2 x_3$$

$$N_3 = N'_3 + N''_3 = q_1\lambda_2^2(1 - x_3 + y_3) + q_2\lambda_2^2(1 - x_3)$$

博弈反复循环,直至谈判双方中的一方愿意接受另外一方的提案才结束。

4. 模型求解

通过上述分析,所设立的模型是一种不完全信息情况下的无限次讨价还价的博弈模型。所以,按照通常的思路,本模型是无法采用逆推的方式求解的。而运用海萨尼理论可以将一个信息完全不对称的博弈模型,转换成一个信息完全对称但是并不完美的模型。再根据著名的夏克德和萨顿理论,对本模型进行转换并且求解。这种思路下对一个无限循环谈判的博弈来讲,将求解的逆向推基点设置在第一次和第三次都是一样的。因此,选择有限期中的第三次作为模型求解的逆向推算起点,双方在第三次的谈判中,各自期望的风险承担比例为:

$$M_3 = q_1\lambda_1^2(x_3 - y_3) + q_2\lambda_1^2 x_3$$

$$N_3 = q_1\lambda_2^2(1 - x_3 + y_3) + q_2\lambda_2^2(1 - x_3)$$

而互联网金融机构承担的风险期望为再逆向推理到第二次谈判。在这次谈判中,互联网金融机构如果提出的方案使风险接受方承担风险期望大于第三次,那么风险接受方一定会拒绝这次的谈判结果,则整个谈判将进入第三个阶段。因此,从节省成本的角度考虑,避免双方进入第三轮谈判而产生不必要的损耗,互联网金融机构提出的风险承担比例应当让风险接受方在本次谈判的期望 M_2 小于等于第三次谈判的 M_3。并且使自己在这次谈判中所承担的风险最小。

以上,X 为风险接受方名义承担的风险比例,$(\lambda_2 - 1)/(\lambda_2\lambda_1 - 1)$ 为风险接受方实际承担的比例,q_1 为其风险转移比例。

当 $q_1 = 1$ 时,和双方信息完全对称的情况一致。在这种情况下,风险的接受方必定会利用自己的强势地位迫使互联网金融机构接受额外的风险转移,这种情况下风险的转移达到最大比例。当 $q_1 = 0$ 时,这种情况表示风险接受方即使处于强势地位,也不能利用双方谈判中的地位优势迫使互联网金融机构接受更多的风险。但参数 $0 < q_1 < 1$ 时,风险的接受方并不能利用谈判中的强势地位来转移风险。这种信息不对称的情况下,风险接受方完全不知道互联网金融机构所处的位置,其优势的谈判地位也得不到展现。因此,相较于信息完全对等的条件,风险接受方并不能向互联网金融机构转移更多的风险份额。

（三）结论分析

本章从参与谈判方地位的非对称性出发,结合风险承担双方博弈的理论,分别建立了在信息完全对等和信息完全不对称的情况下,互联网金融风险转移的模型。笔者通过对模型的深入对比研究得出以下结论,在进行谈判时,互联网金融机构和风险接受方在风险的接受比例上完全与双方谈判过程中的地位信息不对称及谈判过程的损耗系数有关。在研究中,笔者对谈判双方信息对称和信息不对称条件下的模型进行求解,得出双方风险承担份额。在双方信息完全对称的情况下,风险接受方能够处于强势地位,并且能够向互联网金融机构转移额外的风险,但是如果处于信息的不完全对等的状态下,风险接受方并不清楚互联网金融机构是否处于不利地位。所以,比信息完全对称条件下风险接受方转移给互联网金融机构的风险份额少。互联网金融机构与对方进行谈判时,应尽可能地不让风险接受方知道自身更多的信息。笔者对构建的模型进行均衡求解,求解的结果显示出互联网金融风险的比例,为科学、合理地分配风险比例提供依据,并且在一定程度上可降低风险的转移和盲目的分配。

第九章 互联网金融监管体系的建立

第一节 互联网金融监管的必要性

在有效市场假说中,理性经济人假设会促使个人利己主义行为在"看不见的手"下自动实现市场均衡状态,所有市场信息都可以由均衡市场价格完全和准确地反映。此种情形下,对互联网金融的监管应是放任的,重点是排除那些会导致市场失灵的诸多影响因子,从而让"看不见的手"能充分发挥功能,减少监管抑或是不监管,具体有以下几方面:(1)通过市场自身约束机制对有害的风险承担行为加以控制。(2)所谓适者生存,优胜劣汰,为实现市场的公平、公正,要让有问题的金融机构进行破产清算。(3)对于金融创新的监督管理是不必要的,这是因为市场的竞争性会剔除毫无价值或产生无用价值的金融创新。况且,从创造价值的判断上来讲,政府的监管并未有比市场更有优势的方式方法,过度监管反而会扼杀有价值的创新。

但是,在达到理想的假设情境前,市场中仍会存在诸多的非有效因素,这就使得对互联网金融的放任无监管是不可能实现的。

（一）互联网金融可能存在非理性的个人行为

P2P 网络贷款的出资者主要是依托资金需求方的个人信用进行贷款，即使 P2P 网贷平台可以揭露出需求方的信用风险，并且投资也是非集中的，但从某种程度上来说还是高风险性投资。投资上的失利对于投资者个人的影响不能被完全识别。因此，对于 P2P 网络贷款，一般情形下需要对投资者进行适当的监督。

（二）个人理性，并不意味着集体理性假设成立

众所周知，将剩余资金转入余额宝的理财形式，主要是通过购买货币型基金来获得相应收益，那么基金的购买和赎回交易，将会存在期限错配和流动性问题。若市场上出现波动，投资者将份额购回来避免更大的风险，这是理性的个人行为，但如果发生集中兑付的现象，从集体行为上来看，这就是非理性的。2008 年，雷曼兄弟（Lehman brothers）破产后，美国资历最老的货币市场基金（The Reserve Primary）就遇到了这种惨痛境况。The Reserve Primary 对雷曼兄弟存在风险敞口，而使其价值低于面值，虽然净损失未超过 5%，但投资者恐慌，担心会有更大损失而争相购回份额。受此事波及，货币市场基金行业涌现赎回潮。

（三）互联网金融创新可能存有缺陷

国内 P2P 网贷平台出现情况参差不齐，一些 P2P 平台将自有资金与客户资金共用一个资金账户而非实行资金有效隔离，这就爆出许多平台的负责人"跑路"案件；还有一些 P2P 平台采用激进的营销方式，向没有高风险承担能力的人销售高风险产品（如老职工）。此外，部分 P2P 网贷平台违规经营，触碰监管底线。

（四）行为金融学认为互联网金融监管是必要的

行为金融学，一方面以认知心理学来研究个体行为和偏好，

认为个体的行为并非符合理性人假说;另一方面,市场价格水平
不合理、不均衡,也否定了有效市场的假设成立。针对互联网金
融监管,行为金融学认为:(1)抑制过度投机。(2)限制市场准入
原则应用。趋利避害是理性经济人行为,但是互联网金融机构以
及投资者并非完全理性的,所以一些市场经营范围或产品只能允
许满足一定条件的资格主体进入。这暗示了市场准入机制。
(3)提升互联网金融创新的规范性,没有任何监管的金融都是伪
金融,对于整顿创新出现的重大弊端不能滞后。(4)加强金融消
费者的保护,维护消费者合法权益。(5)鼓励互联网金融创新的
难能可贵,然而同时也不能听之任之发展,仍需坚守监管红线。

第二节　我国互联网金融监管体系的构建

通过前文的分析表明,对互联网金融的监管并不存在一个完
美的可以任意套用的固定模式,由于各国的法律法规体系以及商
业文化背景存在较大差异,经济发展阶段也不尽相同,监管模式
在移植过程中因缺乏与其资源赋予相适应的背景,在具体应用时
常常会存在冲突和漏洞。因此,应当构建且健全具有中国特色的
互联网金融的监管体系。

一、互联网金融监管理念

如前文分析,在国际上尚无一个专门的机构或一部完整的法
律对互联网金融进行监督管理,甚至在理论层面对互联网金融也
没有一个统一的概念。我国金融监管长期从紧,但是尚未将互联
网金融明确纳入金融监管体系。无论是从互联网金融目前发展
趋势还是国内外对互联网金融监管的实践来看,都表明金融创新

与金融监管应当并重。在发挥市场机制的同时,政府应完善该领域的法律法规制度,在保证各参与主体能够处理好相互之间关系的同时,建立适度监管的制度体系。如果不对或过少对互联网金融进行监管,将直接导致互联网金融带来风险损失;如果政府干预过多,会抑制互联网金融的发展及创新能力,并且会出现互联网金融发展游离于监管之外的业务和经营活动,造成更大的风险。尽管我国国情与发达国家不完全相同,发达国家的做法不能完全照搬,但事物的基本规律还是要遵守,在完善并健全法律法规体制的基础上,监管应当秉承市场化的理念,市场可以解决的,政府应当尽量避免干预;在市场化监督的背景下,政府集中精力解决市场这一"看不见的手"解决不了的问题。因此,鼓励互联网金融健康发展,离不开良好的环境,尤其是法制环境。同时,金融创新应当遵守底线原则,建立在合法合规的基础上经营,切实保护消费者的合法权益,监管当局要平衡好金融创新和金融监管的关系。

(一)互联网金融监管依据

1.金融创新与金融监管理论

金融创新和金融监管两者之间相辅相成,且相互博弈,彼此作用与约束。在广义范畴内的金融创新,也称为金融革命,指的是重新组合与排列金融业中的各类要素,互联网金融机构与监管机构充分地考虑到微观与宏观效益,合理设置机构,妥善优化业务的种类,适宜地安排金融工具以及制定相关制度,从而变革与创新金融业态。普遍意义中的金融创新,指的是互联网金融机构为了提高盈利水平,与管制脱离,从事创造性的开发与革新活动。早在20世纪80年代,便开始了金融监管机制的创新,其宏观的金融创新与微观的金融业务与工具以及产品等创新类似;创新金融监管制度,能够提升金融创新水平。

金融创新具有两面性,一方面金融创新推动了金融的发展,包括互联网金融机构的有效竞争、产品及服务的创新、业务的快速发展以及工具的更新,进而推动了金融服务于实体经济的进一步提升。但是由于金融创新是规避金融监管的行为,金融创新会加大金融体系的风险并增加监管的难度。因此,金融创新是金融监管当局与互联网金融机构两者之间的博弈过程。创新实时而动态地脱离与突破监管的禁锢,为处于静态且稳定态势的监管带来相应的挑战与机遇,使金融监管机构必须做出及时有效的应对。如果不采取上述措施,那么将无法优化互联网金融机构,难以健全金融体系,从而降低金融市场的稳定性,所以只能暂且牺牲金融业态的稳定可靠性,加大金融监管与调整的力度,与经济金融发展的需求相适应。金融创新和金融监管互为因果关系,其关系具有能动性的特征。有效的金融监管是金融安全的重要保障。金融创新从表面上看是互联网金融机构对于利益的追逐,但本质上是监管制度创新滞后,阻碍了金融向更高层次发展。监管政策并不是永恒不变的,当现有监管制度不能满足或维持互联网金融机构的盈利水平,互联网金融机构会在新的金融模式、工具、产品或服务等方面进行突破,那么金融监管将失去监管效应,导致监管失灵,还会增加金融市场的发展壁垒和监管成本。

互联网金融是一种新的金融模式,是基于互联网技术变革下的一种金融创新。一方面,互联网金融具有长尾效应,能够为更多的金融消费者提供金融产品并更好地服务于实体经济,具有实现普惠金融的意义;同时,互联网金融尚处于发展阶段,如果过度监管,势必会抑制互联网金融带来的积极作用,阻碍金融创新带来的金融效率的提升。另一方面,由于互联网金融机构对利益的追逐,以及整个行业规避监管的发展趋势,会造成金融创新过度而带来的互联网金融风险的产生。互联网金融尚处于起步阶段,存在机构专业水平参差不齐、市场主体存在非理性行为、投资者风险意识不强、风险管理体系不完善等特征。因此,对于互联网金融的风险不能采取自由放任的管理,否则将引发系统性风险。对于互联网金融的监管,应当把握好金融创新与金融监管的平衡,金融监管要持续不断地与金融创新的变动相适应,加强有关机构的合作,做好顶层制度及监管机制设计工作,以促进互联网金融行业的健康发展为基础,采取适度的监管行为。

2. 金融监管的法律理论

基于金融监管的过程,要加大政府监管的力度,形成市场约束机制,同时要健全法律法规体系,为金融行业提供强有力的支撑。在金融监管的过程中,要通过行之有效的法律保护手段,保护中小投资者的合法权益。随着市场经济竞争的日趋激烈,要完善法律制度,从而为投资者权益提供源源不断的驱动力。针对中小投资者的权益,要予以行之有效的法律层面的保护,以保障投资者权益为基础,构建且完善行之有效的公司治理机制,使金融业得到良性与快速的发展,提高金融监管的效率。一般情况下,法律无法实现设计的最优化,在法律体系有待于完善的时候,不能仅凭借专业化立法机构的立法,而要向法庭分配剩余的立法权与执法权。监管者要通过灵活主动的执法行为,对法庭执法的不足之处予以补偿。监管的目标之一是解决法律法规与法庭被动执法所导致的法律救济不足等问题。

建立健全法律法规是互联网金融健康发展的重要保障。首先,与互联网金融迅猛发展不相适应,目前我国尚无一部专门针对互联网金融的法律,涉及互联网金融相关内容的法律仅零星散布在《刑法》《电子签名法》等中。其次,基于《商业银行法》与《证券法》等现有的金融法层面,传统的金融行业与金融业务中未涉及或很少涉及互联网金融的内容,因此有必要对现有金融法律予以修订完善,对有关条款予以补充。同时随着互联网金融的快速发展,有些领域已经制定了与互联网金融相关的制度规范,但由于制定较早,已经跟不上金融创新的速度,亟待及时更新和修订。比如已受到规制的网上银行和网上证券等领域,由于业务创新速度快,模式新且复杂,使得其新业务新产品的发展已超越了法律法规所限定的监管范畴。国家针对互联网金融监管的当务之急应当是尽快在现有立法的基础上,借鉴欧美等发达国家立法经验,完善我国互联网金融相关的基础法律及相关制度规定,弥补在法律法规上的真空与不足。

3. 金融监管的成本收益理论

金融监管成本说认为,在设计与执行金融监管制度的过程中,需耗费大量的资源与成本支出。金融监管成本包括金融监管机构在执行监管过程中耗费的人力与物力资源。在实现监管目标的时候,要充分考虑到监管成本因素,深入分析监管的成本与收益,基于相应的成本约束情境,实现效果的最优化。随着金融创新水平的提高,金融监管机构持续地调节监管行为,动态与实时地管理监管模式。对于监管当局,要健全激励机制,防范与规避监管不力与过度监管等局面,实现金融监管制度净收益的最大化。

互联网金融作为一种新的金融模式,其技术风险及信息安全风险的新风险特征对监管提出了新的挑战,如何使得监管成本投入对新风险特征实现良好的监管效果,是值得研究的问题。互联网金融监管的成本收益指的是:在构建且健全互联网金融监管体系的时候,要对监管的成本与收益予以高度重视,节约成本支出且提升监管的收益水平,因此,要在全面分析监管的成本收益的基础上进一步完善互联网金融监管制度设计,充分考虑机构监管与功能监管并重的模式。

4. 金融监管的激励理论

金融监管的激励学说指出,金融监管机构与互联网金融机构两者之间存在委托与代理关系,其委托人与代理人未拥有一致协调的目标,且信息不对称现象显著,存在道德方面的风险。委托人需健全信息披露机制和相关激励机制,使代理人在决策的过程中,能够以原有的已获取信息为依据,同时以信息激励机制发出的新信息为依托,致使代理人不能通过提供假信息、隐瞒真实信息的手段而获取利益,在一定程度上,使代理人行为目标和委托人目标的一致性得到充分的保障。

互联网金融在运作过程中,涉及多重委托代理关系,存在明显的信息不对称风险。因此,要合理安排及完善互联网金融的监管机制,与激励兼容的主体特征相适应。以互联网金融的运作特点为参考依据,要充分考虑,把事前承诺方案中的监管策略适宜地导入对互联网金融的监管模式中。"事前承诺"指的是:监管机构与互联网金融机构健全激励机制,制定协议,互联网金融机构要对监管机构做出承诺,限定某个时间内的最大损失额度,假如超过了承诺的限度,要实施相应的惩罚行为。制定严格的惩罚制度,以预先承诺的资本量水平为依据,与风险的头寸规模相适应,承诺不可过多,也不可过少。这样的激励机制将促使互联网金融机构在经营中进行改善并重视风险,同时提高风险的管理技术水平。

5. 金融监管失灵理论

金融监管失灵理论指出,监管者和被监管者易形成利益的共同体,从而致使形成金融监管的失灵现象。俘获论的精髓是:在初始阶段,被管制者将听从管制,然而一旦熟悉了立法与行政程序,将试图影响管制的法规法律,或运用行政机器,为自身创造收益。需进一步明确利益集团论的理论模型,在不同利益集团面临的不同管制条件约束下改善福利。然而在实际操作的过程中,由于利益集团力量的不断变化,加强与放松规制交替进行。公共选择学派指出,金融监管将导致寻租现象的形成,使腐败情形泛滥,降低效率,且损害公众的利益。

互联网金融是创新的金融模式,融入渗透于监管制度体系之中;监管失灵现象是监管制度设计与执行的重大挑战。因此,在对互联网金融监管制度的设计中,应当充分考虑可能出现的监管俘获、寻租等问题的出现,结合互联网金融机构的特征设计适当的监管制度安排,避免互联网金融监管当局与互联网金融机构之间共谋问题的出现。

(二)互联网金融监管原则

由中国人民银行、工业和信息化部、公安部等部门发布的《关于促进互联网金融健康发展的指导意见》中提出,互联网金融监管要遵循以下原则:遵守法律法规,适宜地执行分类协同监管,提高创新水平。本研究认为互联网金融监管原则还应包括以下内容:

1. 监管目标

完善对互联网金融的监管体系是正确且必须的,但是要把握一个基本原则,即互联网金融监管的目标是以防范互联网金融行业整体的系统性风险为基础,规范互联网金融行业行为,使行业得以健康、稳定发展。监管体系无法保证互联网金融体系内每一笔交易、每一个交易对手都能够做到零风险。因此,互联网金融监管可以引导行业健康发展,使其发挥普惠性、便捷性以及低成本的优势,为大部分包括传统金融服务以外的大众提供专业的金融服务与产品,并时刻接受社会各界的监督,避免与预防信息不对称现象,提高信息的透明度与公平公正性。此外,还应倡导规范监督模式,有机地结合政府监管与行业自律,从而健全相关监管体系。

2.适度监管原则

正如前文所说,互联网金融具有普惠功能,是服务于大众的新金融模式,具备开放性与平等性特征,共享资源,普惠公众,合理配置资源,积极发展普惠金融业态,提升金融服务的供给率与交易的效率,共同防范相关风险,推动经济的健康发展。因此,在对互联网金融风险加以控制与管理的同时,要妥善协调金融监管和创新的关系,也要根据我国经济金融环境,避免对发达国家监管经验的照搬照抄,过度监管会造成对金融创新发展的阻碍。

3.合理监管原则

第一,分业监管和混业监管

目前,我国互联网金融机构的牌照是按照行业发放和管理的,中国人民银行管理第三方支付业务、中国银监会管理 P2P 公司、中国证监会管理众筹、中国保监会管理互联网保险。但是也存在许多互联网金融机构的业务既涉及支付、P2P,也涉及众筹和数字保险等,是混业经营的方式。因此,在建立监管模式时,要根据实际情况将分业监管和混业监管相结合。

第二,机构监管和功能监管

目前,根据互联网金融的运作模式可将互联网金融业务划分为互联网支付、网络借贷、股权众筹融资、互联网基金销售、互联网保险、互联网信托和互联网消费金融(根据《关于促进互联网金融健康发展的指导意见》)。在这种情况下,需要对开展不同业务的机构实施不同的监管措施。但是也有部分互联网金融机构已经出现了混业的特征,这时就要针对风险,基于风险的成因、传导、识别、评估、预警、防范和处置进行功能监管,特别要重视"穿透式监管"。因此,在建立监管模式时,要将机构监管和功能监管相结合。

4.建立健全监管信息系统

监管系统中的信息系统十分重要,尤其是互联网金融涉众广、涉及大量信息数据和先进的互联网技术,对于监管的信息系统建设及技术要求更加严格。加强信息化建设,强化防止信息泄漏制度对于防止监管中的暗箱操作,确保各项经营活动安全运行十分重要。

5.加强监管队伍建设

一是需要对现有互联网金融监管人员开展业务培训和警示教育;二是招聘既熟悉互联网技术又精通金融业务的专业人才进入监管机构;三是建立良好的监管机制,避免寻租问题出现。

(三)互联网金融监管对象

参照互联网金融的运作模式,互联网金融行业所监管的对象包括互联网金融机构、互联网金融投资者、互联网金融托管机构等三大类。在机构监管与功能监管相结合的理念下,应当对互联网金融中不同的对象进行差异化监管。

1.互联网金融机构

互联网金融机构作为监管的主要对象,按照业务运营情况的不同,主要包括:第一,互联网支付机构(包括银行业互联网金融机构和第三方支付机构等）；第二，网络借贷公司（P2P 借贷和网络小额贷款公司）；第三，股权众筹融资平台；第四，互联网基金销售机构；第五，互联网保险公司；第六，互联网信托公司；第七，互联网消费金融公司。对于不同的机构和平台，相应的监管主体及措施有所差异。

2. 互联网金融投资者

互联网金融监管所涉及的投资者，主要是对其合法权益加以保护以及风险的教育与宣传。一方面，当互联网金融机构和投资者的利益缺乏一致性的时候，互联网金融机构处于信息优势地位，所引发的信息不对称使得投资者的权益受损且无法得到合理保障，此时监管机构需作为投资者的代理人进行强制监管；另一方面，由于互联网金融的投资者是"尾部"人群，大部分对于金融产品的专业知识、风险、成本与收益等缺乏足够的了解，监管机构有必要对投资者进行大力的风险及安全知识宣传和教育，提高投资者的风险意识和丰富其安全知识，并提升其使用互联网的技能。

3. 互联网金融资金托管人

互联网金融业务的资金托管人主要是银行，由多部门联合研究起草的《网络借贷信息中介机构业务活动管理暂行办法（征求意见稿）》规定了银行作为资金存管方的监管要求。一方面，互联网金融机构曾被认为是新的资金托管机构，银行作为其资金托管人容易被忽略其存在的作用及意义，因此也会对资金托管人的监管问题有所忽略；另一方面，要进一步加强对资金托管人资质的监督和管理，其不仅是提供资金存款的托管业务，同时也为互联网金融机构和投资者提供一系列增值服务。

（四）互联网金融监管主体

值得注意的是,互联网金融缺失统一且专业化的监管主体。目前,我国对互联网主要是对于不同分类的机构由政府不同的部门按照相关职责进行监管,互联网支付业务由中国人民银行负责监管、网络借贷业务由银监会负责监管、股权众筹融资和互联网基金销售业务由证监会负责监管,互联网保险业务由保监会负责监管、互联网信托业务、互联网消费金融业务由银监会负责监管。

笔者的观点是参照经济金融环境的总体情形,互联网金融更适宜功能监管与"穿透式"监管相结合的监管主体,在互联网金融业务明晰、单一的情况下,可以由某一个监管主体对某一项业务进行监管。但是在混业经营时,因为涉及或嵌套多项金融业务,要透过表面的形式理解业务的本质,有效地连接资金来源、中间环节以及最终的实际投向,结合全流程信息资源识别与判断业务的属性,以监管主体为介质进行监管。

（五）互联网金融监管模式

我国目前对互联网金融现行的监管模式是分业(机构)监管模式,银监会与证监会以及保监会等金融监管机构监管各自的金融商业机构,还涉及工业和信息化部、公安部、财政部、国家工商总局、国务院法制办等相关部门。分业监管的模式是基于分业经营的情形,不会出现太大的问题,然而遭遇混业经营的时候就会导致各种问题的出现,如在混业经营过程中出现的挪用、误导、违规或关联交易等。很多互联网金融机构在经营过程中有跨领域的经营活动和行为,如果进行机构监管,无非出现两种结果:一是重复监管,会加大经营成本和监管成本;二是真空监管,互联网金融风险将进一步游离于监管之外,风险进一步加大,甚至出现系统性风险。欧美等经济发达国家的金融市场环境日趋成熟,功能监管作为主要的监管模式,规范着金融监管的未来发展方向;然而由机构监管至功能监管模式的发展过程中,需要解决诸多难题,耗费较多的时间与精力。互联网金融是检验功能监管模式的机遇,这不仅是因为互联网金融与传统金融之间的差异,还因为金融本身具有跨多领域的特征。

另一方面,随着我国互联网金融的迅速发展及规模扩张,应充分考虑统分结合的监管模式,多部门加强分工协作,加大监管的力度。基于上述模式,"统"意味着对金融产品的业务模式予以关注,以上述特点为参照,明确统一的监管标准,细分综合性地监管互联网金融机构与业务;"分"意味着参考职能监管标准,细分监管相关机构与职责义务的范畴。

（六）互联网金融监管措施

1.健全法律法规体系,规范互联网金融行为

现阶段,国家针对互联网金融缺乏具体与完整的法律法规,现有的金融法律法规是针对传统金融而制定的,鲜有涉及互联网金融的,即使涉及也只是根据某些风险现象进行的补充、增加,不能成为一个体系。对互联网金融发展中的消费者权益保护、技术信息网络安全以及新制度的建设等基础法律法规有待进一步制定和完善。目前法律法规体系的滞后使得互联网金融的发展有待规范。面对模式多样、变化不断的互联网金融创新,亟须法律法规对其进行规范。但是法律法规的制定需要深入研究、全面统筹和综合考虑,并不是一蹴而就的,这就出现了法律法规的制定与出台滞后于互联网金融的创新问题。因此,一方面需要及时修订和完善现有涉及互联网金融的相关法律法规。在目前我国的法律法规中,涉及互联网金融业务及活动的《商业银行法》《证券

法》《保险法》等应当根据互联网金融的变化和创新进行修订和完善。另一方面,尽快研究并制定专门针对互联网金融的法律法规、部门规章和规范性文件,明确各方权利和义务,有效控制和规范互联网金融风险。

2. 创新监管新机制,引入"监管沙盒"

监管机构为互联网金融创新可设置"监管沙盒",作为配套的监管机制,为互联网金融机构创新提供相应的安全控件。在互联网金融机构设置创新中心,能够提高金融业整体的创新水平,尤其是金融科技的创新。设置上述机构旨在为金融或非互联网金融机构所设计的服务与产品提供测试的空间,并提高其安全可靠性。互联网金融机构无须承担监管对于创新形成的负担,只是基于真实有效的情境,对产品服务的商业模式予以测试。监管者要以保护消费者权益为基础,适当放宽监管范畴,为金融科技创新剔除规则方面的阻碍,加大对风险的控制与管理力度,实现金融科技创新。现阶段互联网金融的发展针对创新与监管已形成一种挑战,于是"监管沙盒"应运而生,与政策的导向相契合,旨在对创新予以激励,避免损害消费者的合法权益。可见,"监管沙盒"能够较好地平衡金融创新与金融监管两者的关系。目前中国已具备实施"监管沙盒"的条件;在将来,要充分借鉴英国、新加坡等国家有关"监管沙盒"的经验,对授权予以限制,实施监管豁免等措施,由单一的金融科技创新试用,逐步普及与推广,健全"监管沙盒"体系。现阶段国家金融监管体系的改革方向,正在向监管协调机制的完善方面转移。在国家缺乏金融分业监管的情况下,需要构建实体组织,实现监管的统一性。建议在人民银行、银监会、证监会、保监会的上层构建负责组织与协调的机构实体,在下层设置金融创新中心,运作"监管沙盒"机制,从而平衡金融创新与风险控制之间的关系,同时避免或缩减由于监管立法滞后而导致的风险因素,加快金融监管机制的改革进程。

3.混业监管＋行业自律,促进行业健康持续发展

针对混业经营与分线监管出现监管错配的现状,建议采用"混业监管＋行业自律"的混合监管框架对互联网金融进行自律和他律的监管。混业监管指的是互联网金融机构针对支付与贷款业务以及股权投资业务、众筹业务或其他业务对互联网金融进行监管,而不是针对从事互联网金融业务经营的机构进行监管。混业监管在实施过程中,具有较高的一致性和协调性,不仅可以避免重复或交叉监管的现象,还可以对监管中出现的问题进行及时的沟通、处理和解决。同时,实施混业监管可以有效地节约监管成本,有利于监管机构的信息交流和共享机制。混业监管提高了对互联网金融监管的效率,适应了其混业经营的需要。

虽然目前我国对互联网金融的风险管理已出台了多项规定、文件及报告,但是对其真正的监管体系构建、监管措施还需要一个较为漫长的过程。在互联网金融监管体系逐步构建的过程中,可以通过加强行业自律来促进和保障互联网金融行业的持续健康发展。一方面,行业自律拓展了范畴,且延伸了作用的空间,取得显著的效果,提升了机构的自觉程度;另一方面,行业自律的发展经验可以为制定法律法规和建设监管体系提供重要的参考和依据。互联网金融行业的自律程度及行业发展情况对政府的监管态度和程度有着直接和重要的影响,进而会影响整个行业未来发展的方向。因此,互联网金融机构应当尽快联合建立自律组织,建立自律标准及内部约束,完备自律公约,健全自律奖惩机制,加强从业人员专业水平和道德建设,搭建信息披露和资源共享平台,强化社会责任并在全行业内树立合法合规经营意识,加

强对各类风险的识别、防范、评估和处置能力,建立对投资者和消费者的利益保护机制。同时,监管部门应当支持并鼓励行业自律组织的工作和活动,防止行业内的不正当竞争,避免行业内出现各种违规、违章、违法现象,为建立持续健康的互联网金融环境发挥积极作用。

"混业经营 + 行业自律"是将他律和自律有机结合的协同监管模式,是互联网金融行业健康持续发展的重要保障。如果只采用他律,即强行监管模式,将可能导致监管失灵或金融抑制等问题出现;而如果不采用他律而只进行自律,一旦出现监管真空,将会使风险不断蔓延最终导致系统性风险频发。采用"混业经营 + 行业自律"的灵活、适度的监管模式,政府部门再给予一个基本的规定和条件,由互联网金融行业充分发挥自身的创新能力。另外,政府部门要加强与行业协会的沟通、交流、合作与引导和规范,双方共同有效防控和监管互联网金融风险。

第三节　完善互联网金融征信体系建设

多部门信息共享水平低,互联网金融平台与中国人民银行信用体系难以对接,缺乏完善的互联网金融征信体系,是中国互联网金融风险被放大的重要原因。在目前我国国内金融业发展状态之下,有两种可以选择的互联网金融征信体系模式。一方面,是建立以互联网金融平台为基础的征信体系。这种模式灵活性强,信息共享水平高,征信内容更具有针对性、可操作性,但也存在着征信信息真实性可靠性难题。另一种模式是实现与央行征信体系的对接,提高央行征信体系互联网金融模块的开放度、联网可操作性。这种模式,信息来源稳定,信息内容丰富,能够反映被征信主体的各种信用状况,信息质量较高。

一、完善法律法规,为互联网金融征信体系建设提供制度保障

征信体系建设,法律制度先行,这是保障征信体系合法完善的前提。中国可以学习美国对互联网金融的审慎宽松的监管政策,既要给互联网金融的发展创造相对宽松的环境,保持这个领域的自主创新性和创造性,又要做到松而不放。能够针对互联网金融的新变化、新模式、新业态适时动态地调整监管政策,保持监管的灵活性,使我们的法律法规不至于因为互联网金融领域的高速发展、新模式的出现而出现监管空白。我们要进一步完善已经基本构建完成的《征信业管理条例》,搭建更加完善的制度细则,靠法律法规推动搭建标准的征信体系。进一步加快征信业基础立法,明确征信信息来源,给互联网金融平台等第三方金融平台合法的信息来源主体地位,丰富信息来源渠道,提高信息来源质量和信息本身质量。此外,要在基础立法《征信业管理条例》,研究将互联网征信体系建设纳入《个人征信信息保护暂行规定》《个人征信业务管理办法》和《企业征信业务管理办法》配套制度中。因时制宜修订和完善相关制度法规,保持政策的科学性与适当灵活性,为互联网金融平台征信模式提供更好的发展思路。

二、明确征信标准

信息高效共享的前提是有比较统一的征信标准,使得互联网金融平台的信用查询快捷可用,这是征信体系完善的基本要求,更是信息互联互通的前提。央行主导征信体系构建的同时,需要把标准统一放在重要位置,规避我国目前征信技术落后的弊端,

统一各征信数据库的结构和标准。通过一致的征信标准,规范征信过程中所需格式、指标、标识、数据以及信息技术支持,提高信息获取效率,为平台、市场参与者提供便捷高效的征信信息查询条件,实现更好的信息整合和共享。

三、完善技术水平,提供技术保障

与美国、英国等发达国家相比,中国征信体系构建起步晚,建立在一定技术水平基础之上的征信体系构建经验不足,互联网软硬件、系统搭建仍有较大改进空间。在征信体系构建方面,技术水平不仅包括对征信对象的征信内容的合理科学化调查取证,更包括征信系统实现的多领域、多部门信息共享的效率。总之,在互联网金融介入央行征信系统的过程中,数据信息的电子化、数字化、信息来源的虚拟化都为我们的技术水平搭建提出更高要求。我们一方面要提高基础软硬件设施,完善基础数据传输收集渠道,另一方面也要借鉴西方先进国家征信体系搭建经验,提高信息采集、信息传输、信息分析处理、信息共享全链条技术水平。通过完善的征信体系为互联网金融平台企业在进入、运营、退出的各个环节提供有效参考。

第四节 安全技术应用与管理

目前,互联网金融交易系统可以利用认证技术、加密技术、安全电子交易协议、虚拟专用网技术、实时监控技术、大数据技术以及黑客防范技术等相关网络安全技术,来保障互联网金融交易的安全性。此类网络安全技术对防范互联网金融各类网络支付风险,确保安全支付的顺利进行发挥重要作用。

一、互联网金融加密技术

不同于传统支付手段,互联网金融交易的网络支付是在开放性的互联网进行的,大量数据需要通过网络传输,包括订单、支票、信用卡密码账户信息、身份证明等敏感信息。一旦此类信息在互联网传输过程中被窃取、篡改,会影响网络支付的正常进行,甚至会给用户造成巨大的损失。为了保护网络支付中隐私数据的安全,需要应用加密技术,以防止敏感信息被外部获取。互联网金融网络交易活动采取的主要安全防护技术手段为加密技术,是保障互联网金融交易信息完整性、可用性以及保密性的有力手段。加密技术不仅可以有效地应用于数字签名中,而且可以保障互联网金融系统存储数据的安全性,以防止电子欺诈,从而对互联网金融交易网络支付的安全起到关键作用。同时,加密技术是互联网金融信息安全的核心技术。

二、互联网金融认证技术

为保证互联网金融系统的正常运作,互联网金融系统首先必须能够正确识别互联网金融交易方的身份,并以此为基础控制其交易行为,从而确保只有合法客户才能进入互联网金融交易系统。对于互联网金融客户而言,需要确信他所连接的服务器确实是其目标交易服务器,而不是伪造、诈骗性质的交易服务器。因此,互联网金融客户与互联网金融机构存在双向身份认证的需求。互联网金融采用的认证技术是实现网络支付安全的主要技术。互联网金融机构采用认证技术以满足网络支付安全需要,可以确保互联网金融交易方的身份认证和交易数据的机密性、完整性及不可抵赖性。互联网金融领域采用的认证技术主要涉及身份认证、数字证书等。身份认证指互联网金融交易系统对交易参与方的身份的确认,以此有效防范风险。一般而言,互联网金融用户身份认证,可通过以下三种基本方式或其组合方式来实现:①基于口令的身份认证。包括静态口令技术(如用户名/密码技术)和动态口令技术(如一次性口令技术)。②基于物理证件的身份认证技术。即用户必须持有合法的随身携带的物理介质,如智能卡、USB Key 等。③基于生物特征的身份认证。此种方法通过检查用户的生理或行为特征来确认身份。常用的基于生物特征的身份认证方法包括人脸认证、虹膜认证、指纹认证、掌纹认证、语音认证等。由权威第三方机构 CA 签发的数字证书,是一种权威性的电子文档。通过对互联网金融交易活动中传输的信息进行加密和解密以及签名验证等,从而确保互联网金融交易信息的机密性与完整性。互联网金融用户使用数字证书可以保障用户的账户信息与资金安全。目前,互联网金融领域网络支付中多采用 IP 识别、数字签名、数字时间戳以及二次校验与人工核查相结合的安全防控机制。电子认证技术由电子签名、加密密码向指纹认证、声波认证等生物认证技术演变,使互联网金融交易和支付认证越来越便捷、准确。

身份验证技术:部分网上银行将已经植入数字证书的加密文件的硬件设备"优匙"预发给客户,客户在登录网银时,银行后台系统除了校验登录密码外,还同步校验"优匙"中预先植入的数字证书。数字证书中的信息和登录密码都要与客户的身份严格绑定,一旦证书信息和密码不匹配,银行有权拒绝登录。另一部分银行则在客户输入登录密码后向客户预先登记的手机号码发送一条由随机数字组成的、具有严格时效性的短信动态口令,客户需要同时在登录界面上输入动态口令方能通过后台的身份验证,享用网上银行的所有功能。除了动态口令和数字证书外，硬件口令卡、手机令牌等技术也广泛应用于网银身份验证领域。未来更加先进的生物验证技术如虹膜识别、指纹识别、声音识别等也将广泛应用于网银身份验证。

三、安全电子交易协议

互联网金融电子交易，只有基于密码技术与认证技术，方能构建安全的互联网金融电子交易模式。目前阶段存在安全电子交易（Secure Electronic Transaction，SET）协议与安全套接层（Secure Sockets Layer，SSL）协议两种在线支付协议，皆为互联网金融提供有力的安全保障。互联网金融交易活动的首要问题便是为交易各方提供安全的数据传输服务。安全电子交易协议位于互联网金融应用层，不仅规范了整个互联网金融交易活动的流程，而且制定了严格的加密与认证标准。SET 协议集商务性、集成性以及协调性于一体。

四、互联网金融黑客防范技术

目前阶段，互联网金融网络安全面临的最大威胁为网络黑客攻击，其使得互联网金融支付系统面临重大风险。因此，互联网金融网络支付安全的重要内容应为防范黑客攻击，须引起互联网金融领域的网络支付机构的高度重视。目前，各大互联网金融机构主要可以利用防火墙技术、防病毒技术以及入侵检测技术等有效防范黑客攻击。第一，安全扫描工具。互联网金融机构可以利用安全扫描器，对远程或本地服务器进行定期扫描，可以间接或直观地发现远程或本地主机的安全问题。具体可以应用设置是否可匿名登录、是否能用 TELNET、HTTPD 以及是否利用可写的

FIP 目录等技术来有效防范计算机黑客攻击。第二,防火墙技术。防火墙技术是在企业或商家内部网和外部网之间构筑一道屏障,用以保护内部网中的信息、资源等不受来自互联网中非法用户的侵犯。在网络支付过程中,包括网络支付机构、商家、银行、用户等在内的交易各方均需在网络上进行互动,比如填写单据、选择支付方式、提交支付表单、确认支付等。这些活动主要是基于WWW 方式进行的,所以网络支付机构和银行需要设置对应的业务 Web 服务器,为顾客提供网络服务。防火墙通过与这些业务的Web 服务器之间进行必要的关联设置,来确保网络支付机构和银行既能利用 Web 服务器对外提供网络业务服务,又能借助防火墙保证内部网络安全,从而保证网络支付业务能够顺利进行。

五、互联网金融反病毒技术

在互联网环境下,计算机病毒已经成为威胁互联网金融网络支付安全的重要影响因素,其具有不可估量的威胁性与破坏力。互联网金融交易安全性建设中的重要一环为防范计算机病毒。反计算机病毒主要涉及三种技术:预防计算机病毒、检测计算机病毒以及清除计算机病毒。①预防计算机病毒,主要涉及系统监控与读写控制、加密可执行程序、引导区保护等技术,通过监视和判断是否存在计算机病毒,进而阻止病毒对计算机系统的破坏;②检测计算机病毒,通过利用自身校验、变化文件的长度和关键字等技术,用以判断计算机病毒的特征;③清除计算机病毒,通过删除计算机病毒的程序以及恢复源文件的相关软件,来分析计算机病毒并进行清除处理。随着系统环境与网络环境的不断扩大,计算机病毒种类呈现多样化发展,并且威力不断增强。安全的互联网金融网络支付系统应具备定时防病毒和杀毒技术,通过提供全方位的互联网金融系统安全防护,进而形成完善的交易防护系统,最终全方位提升互联网金融支付系统的安全性与可靠性。

六、智能实时防控系统

智能实时防控系统通过自动实时筛查监控系统,可进行互联网金融交易数据分析和数据挖掘。智能实时防控系统可以自动实现更新风险策略,是风险管理的核心系统。互联网金融机构可以利用 CTU 系统进行风险分析、风险预警、风险控制等,并基于互联网金融用户的行为进行风险稽查与处置。此外,互联网金融机构可以利用智能实时防控系统对互联网金融交易中的交易风险、账户风险以及商户违规风险等进行全天候风险监控。互联网金融机构利用智能实时防控系统可将互联网金融网络支付机构的风险事件从事后响应提前为事中响应,从而大幅提高互联网金融网络欺诈、洗钱等风险的防控效率。

互联网金融网络支付是货币资金转移服务与互联网金融渠道相结合的产物,归根结底为互联网金融产业与互联网金融技术的结合。因此,互联网金融网络支付风险是复合型风险,需要通过复合型安全防范手段,并且从技术、产业两个维度进行风险防范。在互联网金融网络支付结算行业规范相对成熟的情况下,互联网金融安全管理重心自然放在互联网金融技术环节。因此,互联网金融网络支付风险防范成为未来互联网金融领域的发展趋势,互联网金融安全技术创新对有效防范和控制网络支付风险的作用将愈加显著。

结　　论

　　本研究运用历史分析方法对互联网从初始到当前的发展历程进行了整理、归纳和总结,进而提出了互联网的理念与精神。在此基础上,基于传统金融创新理论,分析了互联网技术革命推动下的互联网金融创新问题,并通过传统金融与互联网金融的比较,介绍了互联网金融的核心与本质———一种新的金融模式。此外,通过对互联网金融与金融科技及金融三者的梳理和比较,进一步理清本研究的研究对象,为分析互联网金融风险管理奠定了理论基础。

参 考 文 献

［1］徐会志. 互联网金融消费者保护研究［D］. 对外经济贸易大学,2016.

［2］李树文. 互联网金融风险管理研究［D］. 东北财经大学,2016.

［3］张万军. 基于大数据的个人信用风险评估模型研究［D］. 对外经济贸易大学,2016.

［4］云佳祺. 互联网金融风险管理研究［D］. 中国社会科学院研究生院,2017.

［5］吴华雨. 中国互联网金融风险及其防范研究［D］. 天津财经大学,2015.

［6］袁义炜. 互联网金融的风险传导机制及监管问题研究［D］. 北方工业大学,2017.

［7］徐上博. 中国互联网消费金融风险及防控问题研究［D］. 吉林大学,2017.

［8］姜兆辉. 互联网金融对商业银行的影响及对策研究［D］. 聊城大学,2017.

［9］兰翔. 基于 VAR 分析与 Copula 方法的互联网金融风险度量［D］. 山东大学,2017.

［10］唐正伟. 互联网金融风险影响因素及其防范机制研究

［D］.浙江财经大学,2015.

　　［11］曹玲燕.基于模糊层次分析法的互联网金融风险评估研究［D］.中国科学技术大学,2014.

　　［12］陈仲毅.互联网金融风险监管研究［D］.云南财经大学,2015.

　　［13］张君妍.我国互联网金融风险管理研究［D］.黑龙江大学,2018.

　　［14］潘顿.新兴风险及其治理［D］.南京大学,2018.

　　［15］梁伟.互联网金融的风险与监管研究［D］.河北师范大学,2016.

　　［16］李彩凤.基于结构方程模型的互联网金融风险评价［D］.哈尔滨理工大学,2017.

　　［17］张宇.我国互联网金融的风险及防范研究［D］.天津财经大学,2015.

　　［18］龙宇晨.互联网金融风险及监管制度研究［D］.南京大学,2016.

　　［19］王晨迪.阿里巴巴互联网金融风险控制措施研究［D］.新疆财经大学,2016.

　　［20］刘旭辉.互联网金融风险防范和监管问题研究［D］.中共中央党校,2015.